農家と市民でつくる

新しい市民農園

廻谷義治著

法的手続き不要の「入園利用方式」

農文協

農家と市民で市民農園をつくろう！

今，土に触れ合い，野菜や花を育ててみたい人が，とても増えています。

そんな人たちの思いをかなえ，豊かな農家の暮らしをおすそ分けできるのが，市民農園です。

市民農園は，農地を有効に維持でき，市民に生きがいや食育の場を提供できる，すばらしい農家の経営です。

本書でおすすめするのは，面倒な法的手続きなしで開設できる「入園利用方式」です。

農家なら誰でもつくることができ，市民も農園運営に積極的に参加できます。

萩台市民農園（千葉市）の一年

～利用者組織の自治運営で多彩なイベントを開催～

待ちに待った春の農作業！　野菜苗を共同で購入し，自分の区画に持っていきます

千葉市の萩台市民農園は，園主の農家が農業経営の一部門として“入園利用方式の市民農園”を立ち上げ，利用者組織「千草台園芸サークル」が全面的に園主を支援しながら35年運営してきました。

農園の管理からイベントの企画・運営まで，園主の依頼のもとに，利用者組織が自主的に行なっています。

萩台市民農園の魅力のひとつは，11カ月単位の契約で何度でも更新でき，年数を制限せずじっくり取り組めること。これは土地の賃借を伴わない，農業経営としての入園利用方式だからできます。初めて入会した親子には，ベテラン利用者がていねいに指導します

夏の品評会では自慢の野菜が70点以上出品され，全員の投票で入賞者が決まります。農園イベントはサークルの行事班が主催

農園の脇を通る市道に沿って花壇をつくり，地域の環境美化に努めています

園内のあちこちにラベンダーが咲くと，みんなで集まってラベンダースティックづくり

農園脇の休憩所でランチタイム。農園でとれた野菜を親子で調理して楽しみます

会員は多彩な人材の宝庫。中には絵描きさんも。手づくりポスターを掲示板に貼ってバスツアー参加者を募集

秋

秋には会員が区画の隅に植えたキクが咲きほこり，農園は色とりどり。秋野菜も元気に育っています

晩秋の品評会では，ダイコン，
サトイモ，ブロッコリー…
見事な野菜がずらり

品評会に出品された野菜は
オークションで会員の手へ。
飛ぶように売れていきます

冬

冬の農園も大賑わい。年末にはおよそ100人が集まって３俵もの餅をつきます

施設整備も手づくり。年を追うごとに少しずつ充実してきました。クラブハウスは木骨ビニールハウス。数年に一度補修が必要

農園から清水港を見下ろせるヒラオカ楽農園

ヒラオカ楽農園（静岡市）

～兼業農家のミカン畑がすばらしいロケーションの市民農園に～

兼業農家の平岡さんにとって，週末の広大なミカン園の農作業は大変な重労働でした。もう少し楽をしたいと，ミカン園の一部を入園利用方式の市民農園にしました。利用者と園主が共に楽しむグループをつくり，野菜づくりの他にも多彩な活動を行なってます。

利用者と園主で「雑木林里親の会」をつくり，荒廃ミカン園を雑木林としてよみがえらせています。山道も手づくり

ミカン園であることを活かして，ミカンの木付きの区画も

傾斜のあるところでは土の流出を防ぐため，板で区画し段差をつくります

奥の杭までで1区画。北海道は夏が涼しく雑草が少ないので，広い面積でも管理しやすい

えにわ市民農園（北海道恵庭市）

～市民の強い希望で実現！　農家と市民の二人三脚でつくった広大な市民農園～

「欧米で定着している市民農園を北海道にもつくりたい！」という市民の強い要望に応え，地元の農家が入園利用方式で開設しました。運営は，利用者組織“恵庭市民農園世話人会”が行ないます。１区画100m²と区画は広く，市民はのびのび農園ライフを楽しみます。

100m²もの面積をどのように耕し，利用するのか。専門家から講習を受ける利用者

こんなにとれたー！　ジャガイモの収穫で大喜びの親子。さすが北海道

ドイツ，ミュンヘンの市民農園。市民農園の利用期間は30年以上と長く，どの区画も個性的で美しく管理されています。休憩小屋「ラウベ」も利用者の手づくり

都市を美しく耕す

ヨーロッパの市民農園

ヨーロッパでは市民農園は“緑地”として位置づけられ，都市政策の一環として市が公共の土地に開設します。各農園は利用者組織が自主的に運営しています。

スウェーデン，ストックホルムの市民農園。湖畔の斜面を活かして美しい景観に。ヨーロッパの市民農園は，利用者のみならず地域住民全体が散策して楽しめる公共の緑地です

はじめに

今、市民農園が大きく注目されています。市民農園は、遊休農地解消対策や、健康な生きがいを感じる生活空間、子どもが土に触れる場、食育活動の場になります。新しいタイプのコミュニティにもなります。園芸福祉活動やさまざまな目的でも市民農園は活用されてきています。

この市民農園は一九七〇年頃に新たに誕生し、制度的な環境が大きく変わった時期にわずかな落ち込みはあったものの、一貫して増え続けています。にもかかわらず、開設の仕方がわからない、運営管理がうまくいかない、長続きしないなどという声をしばしば耳にします。私は最近、市民農園のノウハウを求める相談を数多く受けています。

確かに、街中の市民農園には、管理が不十分なところや活気が感じられないところがしばしば見受けられます。しかし、安定した運営で長く継続している市民農園も、人々の目になかなか留まりにくいだけで意外に多いのです。日本では、市民農園組織のネットワーク化が進んでいないために、市民農園どうしが連携したり、情報を共有したりすることがあまりできていません。

そこで私は、農家をはじめ、市民農園を利用している人やこれから市民農園を利用したいとお考えの人々に向けて、市民農園の開設から運営までのノウハウを提供しようと考え、本書を執筆しました。本書では「入園利用方式」の市民農園の開設、運営方法についてメインに解説しています。

私は、園主である農家と利用者仲間と一緒に、「入園利用方式」という方式で運営する市民農園に三五年間関わってきました。「入園利用方式」とは、農家が公的手続きをせずとも開設できる、農家の経営の一部門としての市民農園です（市民農園整備促進法では「農園利用方式」という名称で説明されています）。この方式では、農地の貸し借りを行なわず、農家の経営する農園に市民が「入園して」「利用する」方式のため、特定農地貸付法や市民農園整備促進法に基づく公的手続きが不要です。農家がすべき最低限のことは、農地を区画し、利用者を募集し、利用者と入園利用契約を交わすことです。法律に縛られることがないので、農家の経営の範囲内で運営できます。

入園利用方式の市民農園では、利用者組織をつくり、利用者と連携しながら農園を運営することもできます。利用者は利用年数の制限を気にすることなくじっくりと土づくりから取り組め、農家や農園仲間とも親交を深めることができます。入園利用方式は「農家が楽で、利用者が楽しい」理想の市民農園のあり方だと思います。

また本書は、入園利用方式でなくてもこれから市民農園をつくりたいとお考えの方に、計画から開設、運営方法について実践的に役立つ情報として活用していただけます。本書をお読みになった方々から、市民農園開設者とその利用者の間によきパートナーシップが生まれ、広がっていくことを期待しています。

もくじ

第2章 農家と市民の市民農園開設法

第4章 農園区画を楽しく利用するコツ
——利用指導のポイント

■表もくじ■

【口絵写真（一部）】 赤松 富仁
【写真協力】 五十嵐 透
【本文イラスト】 トミタ イチロー

第1章

農家なら誰でもできる市民農園

――「入園利用方式」のすすめ

1 市民農園は農的暮らしのおすそわけ

農業は多面的な機能を持っている

市民農園は、農家以外の人々が非営利目的で利用し、野菜や花などを栽培している楽しい空間です。ヨーロッパでは、市民農園は公共の土地に設けられ、都市計画上〝緑地〟に位置づけられていますが、日本ではそのほとんどが農家の私有地である農地を使って開設されています。その点から、日本の市民農園は〝農業〟の一形態とされています。

農地はいうまでもなく、そこで農業を行ない農作物を生産し、食料を人々に供給するための重要な場所です。農家にとってはそれは当たり前のことではありますが、農地・農業の価値は、単に食料を生産するだけではありません。農業は多くの多面的な機能を持っています。土を耕し植物を育てる営みは、人の心を癒し、健康づくりにもなり、教育や心身のリハビリ効果もあります。農地や農作物はCO_2を吸収し、地球環境の保全にも役立ちます。農地を市民農園にして、多くの市民が利用できるようにすることは、この農業の持っている多面的な価値・機能を多くの市民に提供し、市民とともに農地を活かしていく、新しい農業経営といえます。農産物だけでなく、豊かな「農的暮らし」を、市民におすそわけする農業ともいえるでしょう。

市民農園の一区画はわずか一〇坪足らずの空間がほとんどですが、人々は自分流に作物を栽培し、収穫したものを食べて楽しみます。始めはまわりの人に聞いたり園芸書を読んだり、講習を受けたりしながら、耕し、肥料を施し、種をまいたり苗を植えたりして育てます。収穫時期を迎えて、自分がつくった野菜の出来ばえに驚いたりしながら、自宅に持ち帰って食卓にのせ、とれたて野菜のおいしさに感動します。春野菜から秋野菜へ、そして翌年からは輪作や新しい野菜への挑戦、土づくりなどの工夫を加え、〝耕す〟ことへの理解を深めていきます。都市型の小さい区画の市民農園では、すぐ近くに耕す仲

市民農園でリフレッシュ

間がいるので、気軽に情報交換もできます。

野菜づくりに余裕が出てくると、さらに楽しみを増やす交流イベントが生まれ始め、クラブハウスや休憩スペースで一緒にお昼を食べたりするようになります。そのうちに、収穫した野菜の食べ方を情報交換し、料理して食べる行事が加わったりします。このようにして〝食〟についても知らず知らずのうちに家族ぐるみで学ぶようになっていきます。

ふだん自然に触れ合うことが少ない都市の人にとっては、市民農園は最高のリフレッシュ場所になります。中高層の住宅団地や密集した住宅地から市民農園に通ってきてくる人もいれば、平日は混んだ電車に揺られてオフィスに通い、そこから解放された週末に、市民農園の緑の中にとっぷりと浸っている人もいます。皆、畑の空気の美味しさを感じ、作業のひと休みや昼食時にのんびりとしていると、畑の上をわたってくる風の清々しさに心が洗われる気持ちがするといいます。そのようにして、都市の中に市民農園が残っていくことの大切さを、利用者の人たちは体で感じとっていくのではないかと思います。

市民農園が地域コミュニティをつくる

一方、都市においても農村においても、地域社会は変化を続け、隣人関係は希薄化し、コミュニティ（地域共同体）機能は弱まる一方といわれています。ところが、農家が営み、地域住民が長く利用できる市民農園においては、ガーデニングを通じて交流が始まり、大きな緩やかなコミュニティ、いわば仲間意識が生まれていきます。とくに、本書でこれから紹介するような利用者組織がある市民農園では、利用者どうしの交流が活発になり、仲間意識が高くなっていきます。

私が入っている千葉市の萩台市民農園は、利用者組織と農家が協力して三五年続けてきましたが、この間、利用者組織〝千草台園芸サークル〟の中ではさまざまな趣味の集まり（ミニサークル）が生まれました。料理教室、カラオケサークル、他の市民農園などへの見学ツアーなど、野菜づくりにとどまらず、利用者どうしの共通の「好きなこと」を「好き

市民農園で広がるコミュニティの輪

な人」だけで行なうミニサークルが次々と生まれ、お互いが仲良くなる原動力になりました。このミニサークルは、農園利用者ではない近所の人も巻き込んで発展し、結果的に萩台市民農園の仲間が増えたり、市民農園の認知度が高まるなどの効果も生みました。

こうして緩やかにできたコミュニティは、さまざまに機能するようになります。たとえば、高齢化が進んで一人住まいの利用者がいると、その利用者が農園にしばらく顔を出さなければまわりの仲間が健康状態などを気遣ってくれるようになりました。私は市民農園が、弱まりつつある地域のまとまり、コミュニティ機能をとり戻す大きな力になるのではないかと考えています。そのためには、地域の農家が、地域の市民と一緒になって市民農園をつくっていただくことが不可欠だと思うのです。

あわせて、都市の市民と農家集落との交流も、市民農園を中心にして深めることができます。もちろん、集落には集落としての慣習や分担・交流があり、集落全体と利用者組織の一体化を求めるのは無理でしょう。しかし、さまざまな形で部分ごとの交流は可能で、お互いの理解は深まっていきます。そして、市民農園は農村と都市の相互理解を着実に深めていきます。

農家と市民でともにつくる市民農園を

このように、市民農園は誰もが楽しみながら、意識しないでたいへん大きな社会貢献活動を実践しているすばらしい取り組みです。とはいえ日本の市民農園は、まだ確固とした基盤を確立できていません。

特定農地貸付法、市民農園整備促進法などの法律が整備され、日本でも市民農園をつくりやすい体制が整ってきました。全国の地方公共団体も、市民農園をより多く整備するため、農家を支援し、税などの負担を軽減する施策を行なっています。しかし、国と地方公共団体によって明確に都市計画の中に組み込まれているヨーロッパの市民農園と違い、日本の市民農園は都市計画には入っていません。農地を持つ農家の意思に依存しているのが現状です。

しかも、相続税という大きな問題も抱えています。

詳しくは後ほど解説しますが、特定農地貸付方式という制度を利用して市民農園を開設した場合、相続税の猶予が受けられなくなります（おもに市町村や農協が開設する市民農園がこの制度を利用しています）。地価の高い都市部では、相続税は高額になります。重い相続税を払うことができないため、相続をきっかけに閉園になる市民農園は少なくありません。

このような状況だからこそ、農家と市民がともに協力して、都市に市民農園を残していくことが、たいへん重要だと私は考えます。入園利用方式（農園利用方式）という方式なら、農家は農地を貸し付けることなく、自らが経営する農園に、利用者が入園利用するという方法をとることができます。この方式なら、相続税の猶予が認められる場合が多いのです。自ら開設するのは負担が大きいと思われるかもしれませんが、市民である利用者の力を借りて、開設・運営すれば、農家の負担は少なく、しかも市民にとって利用しやすい理想の市民農園になっていきます。

本書では、農家が開設し、利用者組織がその運営をサポートする入園利用方式のノウハウを、千葉市の萩台市民農園を例にあげて紹介します。農家と市民で協力して都市の緑を生み出し、守っていきましょう。

2 そもそも市民農園とは？

市民農園の定義

私は、市民農園のさまざまな形態の中でも、農家が自ら経営し、市民と一体となって運営していく「入園利用方式」の市民農園のつくり方、運営方法をおすすめしています。ただ、この方式を詳しく説明する前に、市民農園とはどのようなものをいうのか、日本の市民農園にはどんなタイプがあるのか、法律上の位置づけはどのようになっているのかという、市民農園の基本的なあらましを説明したいと思います。

ドイツ，ミュンヘンの市民農園。奥に見えるのはラウベ（小屋）。畑も小屋も美しく手入れされている

現在日本には、本当にさまざまなタイプの市民農園があり、〝市民農園とは何か〟とひとことではいいにくくなっているのですが、あえて〝市民農園〟の概念を、一般的にまとめておきますと、〝一定の面積を持つ農地（土地）を、一〇〇〇㎡未満の小区画と通路に区分し、賃貸料または入園利用料を徴収して都市の住民などに非営利的に利用させている農地と、これに付帯して整備される市民農園施設の総体〟ということになります。

公共の土地で利用者が自主運営するヨーロッパの市民農園

市民農園はヨーロッパでは歴史が古く、イギリスの産業革命の頃に、貧しい農民や工場労働者が生活を安定させるために自給農作物を栽培するために設けられたのが始まりです。もっとも普及したのが第二次世界大戦の最中だといわれています。その後、生活が向上していく中で、趣味として野菜づくりを楽しむガーデニング空間へと変化していき、都市の緑、余暇を過ごす場、コミュニティの場などに発展していきます。

ヨーロッパの国々には、それぞれの形で市民農園が存在しています。イギリスではアロットメントガーデン、ドイツではクラインガルテン、フランスではジャルディン・ファミリアールと呼ばれ、他にもスウェーデン、オランダなど、多くの国が市民農園を持っています。形式はさまざまですが、ほぼ共通しているのが、各農園ごとに協会（利用者組織）をつくっていること、利用者は協会に加入することが条件になっていること、そして協会役員を中心として利用者どうしが知恵と力を出し合って管理・運営しているところです。

ヨーロッパでは市民の求めに応じて公共の土地を行政が市民に提供しており、市民の自主的運営が当然のようになっています。ヨーロッパの市民農園には九〇年、一〇〇年の伝統を持つところも多く、市民農園ごとの伝統や個性、仲間どうしの結びつきをたいへん大切にしています。

ドイツでは、各協会が自治体単位でまとまって一つの市協会を形づくり、その市協会が集まり州の協会をつくり、全州の協会が集まり連邦（国）クラインガルテン協会をつくっており、大きなピラミッド形の組織形態となっています。ヨーロッパ各国にはこのような形で国ごとに市民農園協会の連合があり、それぞれが市民農園国際連盟組織に加入して国際的なネットワークを築き、交流を深め、さらなる発展のための意見交換を行なっています。

区画の面積も二〇〇〜三〇〇㎡と日本にくらべて広いところも特徴です。農園によっては休憩できる

ミニ解説1

市民農園の父、シュレーバー博士

ヨーロッパの市民農園の発祥は、一八世紀のイギリスだが、市民農園の概念を固め、ヨーロッパ各国に普及していく基礎をつくったのは、ドイツの医師シュレーバー博士であった。工業化が進み大気汚染で子どもたちにとって劣悪な環境であったライプチッヒ市で、子どもたちの遊び場の必要性を説き、シュレーバーガルテンの思想を提唱した。彼の遺志を継いだ小学校校長ハウスシルトがシュレーバー協会をつくり、シュレーバーガルテンを実現した。これが現在のクラインガルテンの原型になり、ドイツの市民農園のルーツとなった。

小屋の設置が認められているところもあります。この小屋は利用者による手づくりが基本であることが多く、個性的でおしゃれで、よく使い込んだ小屋を見ることができます。日本の滞在型市民農園の小屋は、電気が通って風呂・トイレも完備され宿泊が可能になっていますが、都市型市民農園の中にあるヨーロッパの小屋は簡易なもので、原則として宿泊ができません。農具を置いたり、休憩したり、家族や仲間と食事、パーティーをするために使用されています。

農家の私有地である農地を基盤にした日本の市民農園

ヨーロッパの市民農園が、公共の土地を使用して設立され、都市計画の中に明確に位置づけられているのに対し、日本の市民農園は、基本的に農家の私有地である「農地」を基盤につくられています。現在では、市町村や農協などの公共団体が開設しているところがほとんどなので、公共的なイメージが強くなっていますが、市町村や農協が開設している場合でも、農家から土地を借りて開設していることに変わりはありません。農家の意思や協力が市民農園のもとになっているのです。

日本の市民農園の歴史をかんたんに振り返ってみましょう。大正十三年、京都で日本初の市民農園が、イギリスのアロットメントガーデンを手本としてつくられました。その後、大阪や東京にも広がりましたが、戦争の激化と戦後の混乱の中で、これらの農園は完全に消滅してしまいました。

戦後は昭和四十年代に市民農園が生まれ始めました。その背景には高度成長と急激な都市化があります。都市の無差別な開発が顕著になってきた昭和四十五年、新しい都市計画法が定められました。こ

ミニ解説2　公共の土地を使った市民農園

公共の土地が多いヨーロッパに対して、日本では土地は基本的に私有物である。このような制度・文化の違いが市民農園のあり方の違いにも反映されているという説もある。しかし最近では、個人所有の雑種地や、駅前の開発用地（区画整理事業用地）を利用した市民農園もでき始めている。

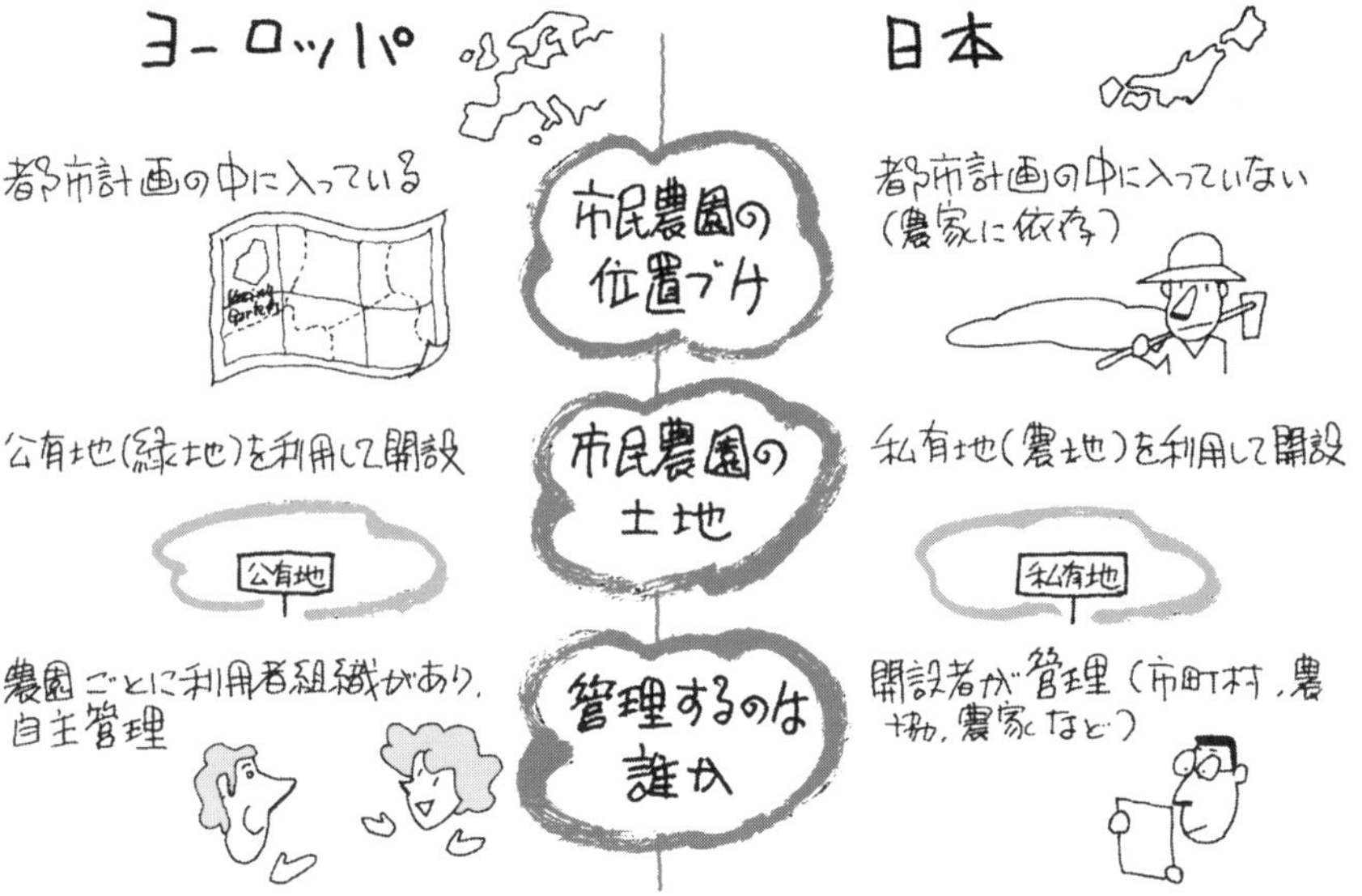

日本とヨーロッパの市民農園の違い

の法により、都市の計画的な開発を行なっていくために、市街化区域と市街化調整区域という線引きが行なわれました。その結果、日本の農業を支えてきた都市近郊農業の優れた農家や優良な農地の多くが市街化区域の中に取り込まれ、都市地域の農業・農家にとっては農業を続けられなくなるかもしれないという危機が起こりました。市街化区域の農地には宅地並みの高い税金がかけられるためです（固定資産税、相続税）。その対応策として観光農業、狭い農地を効果的に活かした芽もの栽培や軟弱野菜の生産、花卉などの集約栽培農業——高付加価値農業が生まれ、都市の中の農業、〝都市農業〟という考え

ミニ解説3

市街化区域と市街化調整区域

市街化区域とは、すでに市街地を形成している区域およびおおむね一〇年以内に優先的かつ計画的に市街化を図るべき区域。都市計画法で定められる。市街化調整区域は都市計画法で定められた市街化を抑制すべき区域。農地・緑地を守るため、原則として建築などの開発行為が禁じられている。

方が定着しました。また、野菜などの直売や産直なども広がりました。

このような動きの中で、労働力調整や都市住民（消費者）との日常的な接触を目的として、市民農園を導入する農家が徐々に生まれてきました。これが今に続いている入園利用方式の市民農園です。農家にとっては、労働力調整ができる、自分の農業を周囲の都市の人々に知ってもらえる、農地を良好に管理できる、時と場所によっては産直販売ができるということになり、利用する人々にとっては、新鮮な野菜を食べることができる、子どもの自然教育や情操教育の役に立つ、頼りになる仲間ができて増えていく、農家との付き合いが楽しい、ということになり、農家と市民の共同作業で各地につくられ、普及していきました。

農地は農家以外、売買も貸借もできない
――農地法の制約

しかし、この市民農園に対しては「農地法違反である」という批判が常につきまとっていました。日本には農地法の規定があり、農地を農家以外の一般の人や企業などに貸すことはできません。市民農園は、農家以外の市民に農地を利用させていたため、このことが、外部の人には「農地を非農家に貸している」と見えたのです。

市民農園では常に農地法との関わりが問題となります。ここで、農地法とは何か、簡単に説明しておきます。農地法は昭和二十七年に制定された法律で、農地を所有者自身が耕作することを原則とし、農地のむやみな分散、転用を避け農業を振興するため、農地の取得、所有、利用関係などについて諸ルールを定めてあります。

農地法が生まれた背景には、戦後の農地改革があります。戦前、農地を含めた土地は自由に売買することができたため、困窮した農民が土地を富裕層に売り渡し、農地は不在地主による大規模な所有が行なわれていました。戦後の農地改革では、不在地主から無償同然で農地が買い上げられ、農民に安価で売り渡され、多くの農民が、自ら耕す土地を持つ自作農になりました。農地法は、この農地改革の成果

を恒久的なものにするために制定されました。つまり、自ら耕し農業を営む者が農地を持ち、それを分散化させずに有効利用して農業を営むことができるように、農地の農家以外への売買、貸借などの権利の移動に制限を設けたのです。

この農地法があるため、農地を使って市民農園をやりたくても、農地を非農家である市民に「貸す」という形をとることはできません。昭和四十年代に入ってから農家は、自分の経営耕地の一部に小面積の区画をつくり、貸すのではなく入園料をとって入園利用させるという形で市民農園を行ない、市民農園は農業経営の一部門であると主張してきました。農業改良普及員の助けを借りて上手に野菜づくりができるように指導したり、共同購入で苗を用意したり、ときにはイベントをしたりして、独自の工夫をしながら農園運営をしていました。これが次に述べる特定農地貸付方式が生まれる以前の市民農園の姿であり、こういった入園料をとる形で農家が独自に経営する方式は、現在の「入園利用方式」の市民農園として続いています。入園利用方式は、農家が生み出したもともとあった市民農園のあり方なのです。当然、農家は市民農園収入を自分の経営の一環として記帳し、納税申告しており、相続が発生したときには、市民農園の土地についても相続税の猶予を受けていました。

3 市民農園は誰でもつくりやすくなったが……

前項では、農地法によって、農家が農家以外の人に農地を売買、貸し借りすることはできないということを説明しました。ところが、農家の草の根で始まった市民農園が広がっていくにつれて、市民農園を目的とした農地の貸し借りを法的にも問題なくできるようにすることが必要になり、農地法の特例を定めた市民農園のための新しい法律が制定されました。市民農園はたいへんつくりやすい環境になったといえますが、実際はいろいろな問題点もあります。

ここでは、市民農園をめぐる戦後の情勢の変化と

表1　市民農園をめぐるおもな政府通達，法律制定，改正の動き

年	おもな法律の動き	市民農園の動き
1968（昭和43）年	都市計画法（新法）制定（市街化区域，市街化調整区域の線引き）	各地で市民農園開設活発に
1975（昭和50）年	農林省よりレクリエーション農園通達	入園契約方式での市民農園が公式に認められる。以後，さらに全国で開設が増加。
1989（平成元）年	特定農地貸付法施行	市町村・農協が，農家から土地を借りて市民農園を開設できるようになる
1990（平成2）年	市民農園整備促進法施行	市民農園開設の手続きおよび施設整備がしやすくなる，農園利用方式と特定農地貸付方式が市民農園として定義づけられる
1991（平成3）年	生産緑地法改正	三大都市圏の多くの市街化区域で，生産緑地に指定しなかった農地に対して宅地並み課税を開始。これを機に，多くの市民農園で廃園，新規開設，移転が行なわれる
2003（平成15）年	構造改革特別区域制度により特区農園を認定（特定農地貸付法などの特例措置がとられる）	特区指定された地域で，市町村・農協以外でも，特定農地貸付方式で開設できるようになる
2005（平成17）年	特定農地貸付法改正により，市町村・農協以外でも市民農園開設可能に	全国すべての地域で，誰でも市民農園開設が可能になる（市町村と協定結ぶ必要あり）

法改正について整理して、その長所・短所を見てみたいと思います。

農家が草の根で始めた入園利用方式を国が認める

戦後、農家によって草の根的に広がっていった市民農園は、大きな都市では農協や市役所などの指導を受けて開設するところも出てきて、徐々に全国に普及していきました。私が農家の相談を受けてアドバイスし、近隣の市民が〝千草台園芸サークル〟という利用者組織をつくって応援することで開設された「斉藤レジャー農園」も、この頃（一九七三年）にスタートしました。

市民農園開設の高まりを受けて、これまで事態を黙認していた農林省は、一九七五年、構造改善局長名で都道府県の知事宛に通達を出し、市民農園を〝いわゆるレクリエーション農園〟として公

式に認めました。農地法との関わりについては「農地所有者たる農業者が農園に係る農業経営を自ら行ない、都市住民が農園に係る農作業の一部を行なうために当該農園に入場する入園契約方式が考えられる」として、入園契約方式という形をとることで農地法には違反しないことを認めました。このことによって、市民農園開設の動きはますます高まり、農協や地方公共団体による開設もすすみました（表1）。

特定農地貸付法で市町村・農協が開設可能に

市民農園が普及し始め、その要望が高まってくると、市町村や農業協同組合が市民農園施設を開設する必要が生まれました。そのため農家から市町村・農協への農地の貸付けができる体制がのぞまれました。そこで、一九八九年「特定農地の貸付に関する農地法の特例に関する法律」（以下「特定農地貸付法」と略）がつくられ、市町村や農協が農家から土地を借りて、それを市民に貸すという形式が法的にできるようになり、この形式で運営する市民農園が急増しました。現在農林水産省が公表している、法律に基づく市民農園の数は約三二〇〇カ所ですが、そのほとんどはこの法律に基づいて市町村や農協が開設・運営するものです（特定農地貸付法、残りは市民農園整備促進法による）。

特定農地貸付方式の市民農園（千葉県我孫子市）

なお、特定農地貸付方式ができたことにあわせ、従来から農家が行なってきた市民農園（入園利用方式）を、農林水産省は〝農園利用方式〟（あるいは〝入園契約による農園利用方式〟）と呼ぶようになりました。農園利用方式も、入園利用方式も、農家が営む市民農園という意味では同じことです。読者の方は自治体などの資料で〝農園利用方式〟という名称を目にする機会が多いと思いますが、あえて本書では〝入園利用方式〟と呼ぶことにします。その理由は後ほどご説明します（39ページ参照）。

市民農園整備促進法で施設整備がしやすくなる

特定農地貸付法が制定された翌年の一九九〇年、市民農園の設置をさらに推進していくために〝市民農園整備促進法〟が制定されました。この法によって、市民農園の施設整備や各種の手続きがよりスムーズに進められるようになります。

まず、都道府県が定める〝市民農園整備基本方針〟に基づいて市民農園区域を市町村が指定します。その区域の中と市街化区域の中につくる市民農園では、農地の転用許可がなくても市民農園のための施設を整備してもよいということになりました。ただし、この法に基づいてつくる市民農園には、農機具収納施設、休憩施設、トイレその他の付帯施設の設置が義務づけられます。

市民農園区域の中で市民農園をつくるときは、入園利用方式（農園利用方式）と特定農地貸付方式のどちらかの方式を選ぶことになります。農家は前者、市町村や農協は後者を選ぶことになります。区域内で特定農地貸付方式で開設する場合、所有者である農家以外に農地を利用させる手続き（権利の移動）をする際、必要だった農業委員会の承認手続きが不

ミニ解説４　農地の転用

農地法四、五条により、農地を農業以外に使用するためには、宅地などに転換する必要がある。これを農地の転用という。転用する面積によって、市町村の農業委員会、県、国の許可を得る必要がある。また、農地転用の基準があり、農地の種類によって転用の難易度が異なる。

要になるという措置もとられます。

この他、いくつかの農地法の特例措置を認めることの法律によって、市民農園開設はよりスムーズにできるようになりました。宿泊施設付きの滞在型市民農園は、この市民農園整備促進法を利用して施設整備をしています。

特区制度で一部地域の農地法規制が緩和

これまでの段階では、農家は入園利用方式（農園利用方式）でのみ開設することができ、市町村および農業協同組合は特定農地貸付方式でのみ開設ができました。さらに、農地法の規制を緩和する措置がとられるようになるのは、二〇〇三年のことです。地域活性化のために規制を緩和する目的で、二〇〇二年から「構造改革特別区域制度」（略して「特区」）政策が打ち出され、翌年その一部として、千葉県鴨川市、神奈川県横浜市をはじめとして全国で特区農園制度が始まりました。特区指定された地域では、地方公共団体や農業協同組合以外でも、農家自身や企業やＮＰＯ法人などが特定農地貸付方式で市民農園を開設できるようになりました。

二〇〇五年の法改正で誰でも開設可能に

二〇〇五年にはこの特区制度が全国展開されることになります。特定農地貸付法を改正して、特定農地貸付方式を市町村および農業協同組合に限定していた規定を削除して、全国どこでも、誰でも一定の手続きを踏めば、特定農地貸付方式による市民農園施設の開設ができるようになりました。

つまり、①農家であれば、市民農園は「入園利用方式（農園利用方式）」でも「特定農地貸付方式」でも開設することができるようになりました。また、農家自身は開設を行なわないで、②農業協同組合、市町村、③ＮＰＯ法人、企業・団体などに農地を貸し付け、これらに特定農地貸付方式で開設してもらう方法もできます。現在、さまざまな選択肢が農家にはあるのです。開設主体別の市民農園開設の流れと市民農園関係法との関係を表２（30ページ）にまとめておきます。

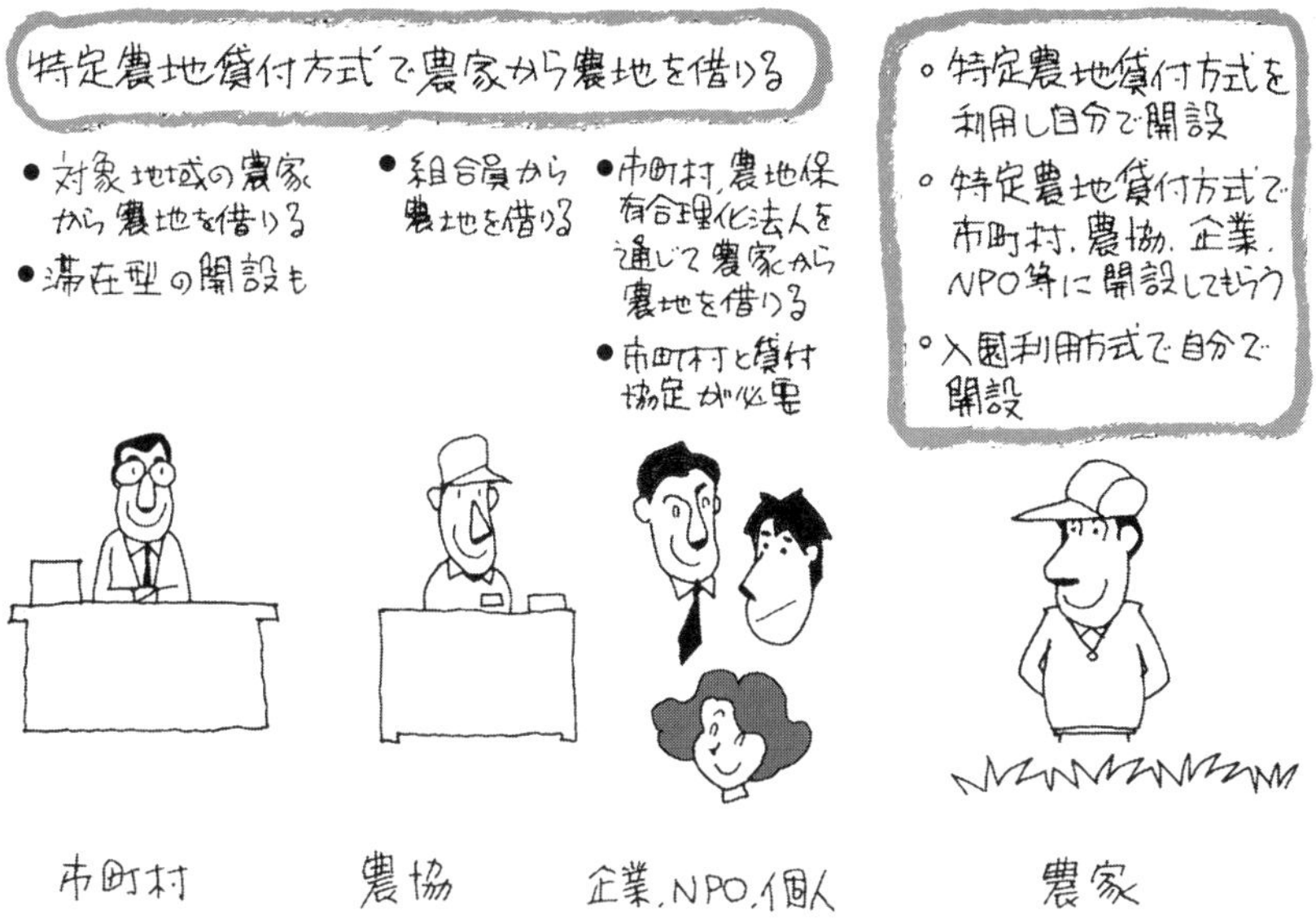
特定農地貸付方式で農家から農地を借りる
●対象地域の農家から農地を借りる
●滞在型の開設も
●組合員から農地を借りる
●市町村、農地保有合理化法人を通じて農家から農地を借りる
●市町村と貸付協定が必要
○特定農地貸付方式を利用し自分で開設
○特定農地貸付方式で市町村、農協、企業、NPO等に開設してもらう
○入園利用方式で自分で開設
市町村
農協
企業、NPO、個人
農家

市民農園は誰でも開設できるようになった

追いつかぬ税制――相続税が大きな課題

これまで見てきたように、市民農園を開設しやすくするための制度はかなり整ってきました。農家には、特定農地貸付方式で自分が開設する、市町村や農協に開設してもらう、入園利用方式（農園利用方式）で開設する、体験農園で開設するなど、さまざまな選択肢ができました。しかし、特定農地貸付方式では、相続税が納税猶予にならないという大きな問題があります。

農地の相続が発生した際、相続する人が引き続きその農地で農業を続ける場合は相続税の一部が納税猶予されるという「相続税猶予制度」があります。相続人が相続してから二〇年間農業を営んだ場合、納税は免除となります。相続する土地が生産緑地だった場合は、生涯農業を継続しないと納税免除にはなりません。相続税猶予の対象となるのは、農地評価額のうち農業投資価格を上回る部分に関わる相続税です。ただし、相続してから二〇年未満に、農業をやめてしまったり、相続した農地を人に貸し

表2　開設主体別の市民農園開設の流れ

①　農家が開設する場合	
ア　入園利用方式	イ　特定農地貸付方式
市民農園開設を発想 ↓ 開設の基本的な事項を確認 ↓ 期待できる利用者居住エリアを想定 ↓ 市民農園開設計画を作成 ↓ 市民農園整備促進法の適用を 受けられるかどうか検討 ├→可能なら，適用を受け，市民農園 ↓　区域指定を受ける 市民農園の設計を行なう ↓ 市民農園を造成 ↓　入園利用 開園および運営管理の準備 ↓ 開　園　→　運営マニュアル	市民農園開設を発想 ↓ 開設の基本的な事項を確認 ↓ 期待できる利用者居住エリアを想定 ↓ 市民農園開設計画を作成 ↓ 市町村・農協と貸付協定を結ぶ ↓ 市民農園整備促進法の適用を 受けられるかどうか検討 ├→可能なら，適用を受け，市民農園 ↓　区域指定を受ける 市民農園の設計を行なう ↓ 特定農地貸付規程の作成 ↓ 使用収益権を設定 農業委員会の承認 ↓ 市民農園を造成 ↓　契約による貸付 開園および運営管理の準備 ↓ 開　園　→　運営マニュアル

たり、他の用地に転換したり、売却するなどしてしまうと、納税猶予されていたその農地の相続税を、耕作をやめた時点から相続の日にさかのぼった分の利子をつけて、払わなければなりません。

　特定農地貸付方式で農地を貸し付けてしまうと、農家自らが耕作しなくなったとみなされ、この相続税納税猶予制度が適用されなくなります。つまり、相続税納税猶予制度を受けて二〇年未満の農地を、特定農地貸付方式で市民農園にしてしまうと、納税猶予が打ち切られて相続税を利子つ

③ NPO 法人・企業などの場合

農家が開設を発想　NPO・企業などが要請
↓　↓
開設の基本的な事項を確認
↓
NPO・企業などへの依頼
↓
活用予定地の確認　要請側と貸付農地協議
↓　↓
期待できる利用者居住エリアを想定
↓
市民農園開設計画を作成
↓
農家→農地保有合理化法人：権利移動
↓
合理化法人→開設者：貸借権設定
市町村・合理化法人・開設者の三者で貸付協定
↓
市民農園整備促進法適用の検討
↓
市民農園の設計
↓
農業委員会の特定農地貸付の承認
↓
特定農地貸付規程の作成
↓
市民農園を造成
↓　契約による貸付
開園および運営管理の準備
↓
開　園　→　運営マニュアル

②地方公共団体または農業協同組合の場合

開設を発想　市町村・農協が要請
↓　↓
開設の基本的な事項を確認
↓
市町村・農協への依頼
↓
活用予定地の確認　要請側と貸付農地協議
↓　↓
期待できる利用者居住エリアを想定
↓
市民農園開設計画を作成
↓
所有権・使用収益権の設定
農協――組合員から借入れ
市町村――所有権または使用収益権の設定で入手
↓
市民農園整備促進法適用の検討
↓
市民農園の設計
↓
農業委員会の特定農地貸付承認
↓
特定農地貸付規程の作成
↓
市民農園を造成
↓　契約による貸付
開園および運営管理の準備
↓
開　園　→　運営マニュアル

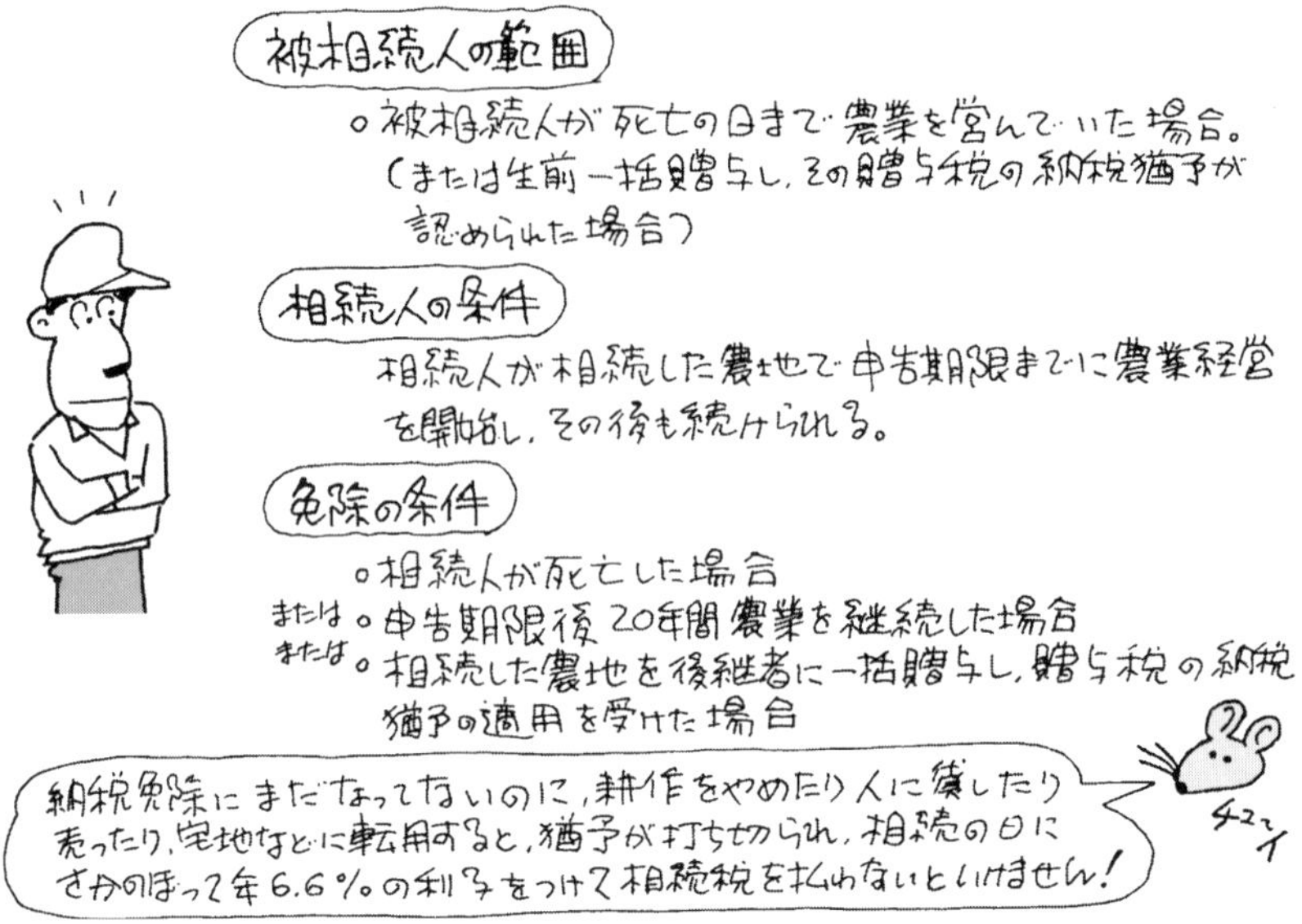
被相続人の範囲
○被相続人が死亡の日まで農業を営んでいた場合。
（または生前一括贈与し、その贈与税の納税猶予が認められた場合）
相続人の条件
相続人が相続した農地で申告期限までに農業経営を開始し、その後も続けられる。
免除の条件
○相続人が死亡した場合
または ○申告期限後20年間農業を継続した場合
または ○相続した農地を後継者に一括贈与し、贈与税の納税猶予の適用を受けた場合
納税免除にまだなってないのに、耕作をやめたり人に貸したり売ったり、宅地などに転用すると、猶予が打ち切られ、相続の日にさかのぼって年6.6％の利子をつけて相続税を払わないといけません！
チュウイ

相続税猶予・免除の条件とは？

きで支払わなければなりません。また、特定農地貸付方式の市民農園として運用していた農地に相続が発生したとき、当然相続税の支払い対象となってしまいます。相続人が相続後に貸し付けを打ち切ってその農地を自ら耕作するとしても、被相続人が耕作していなかったので、納税猶予対象にはならないのです。

この税負担を軽減するため、特定農地貸付方式で市町村が農家から土地を借りて開設する場合、農地の無償提供を条件に、固定資産税を無料とし、相続税の評価額を三〇％減らすなどの措置をとっているところも数多くあります。しかし、入園利用方式で開設するのとくらべて、税負担がかなり大きくなることは確実です。この税負担がネックとなって、市民農園開設に踏み切れない都市地域の農家は数多くいます。

特定農地貸付法の改善により、農地法をほぼクリアした市民農園制度ではありますが、税負担の問題はいまだに解決されておらず、農家の実情にそった制度として確立したとはいえません。そんな現在だ

コラム１　生産緑地と市民農園

市街化区域の中の市民農園は、その多くが「生産緑地」（生産緑地地区）に指定されています。生産緑地とは、市街化区域の中に将来にわたって農地・緑地を残すために自治体が生産緑地法に基づいて指定している地区です。

三大都市圏（関東、中部、近畿）の多くの市街化区域の農地は固定資産税、相続税ともに宅地並みの高い税率が課されていますが、生産緑地に指定されると、固定資産税が農地としての税率になり大幅に減額され、相続税の納税猶予も可能となります（生産緑地でない三大都市圏の市街化区域の相続税猶予は認められていない）。

しかし、生産緑地には多くの制限があります。原則として指定を解除できず、建築が制限され、三〇年間は宅地への転用も認められません[*1]。相続税納税猶予はできますが、相続後は終生農業を続けないと免除になりません（通常の農地は二〇年耕作すれば免除[*2]）。

生産緑地を残すことに積極的な自治体では、生産緑地として長期にわたり農地を維持する方策として、市民農園の活用を行なっています。生産緑地の農地を自治体が農家から借り、特定農地貸付方式で市民農園を開設します。自治体が開設するため、兼業農家や高齢農家でも手をかけずに生産緑地を維持できます。税制面では、特定市民農園制度を利用して開設し、無償で借りる代わりに固定資産税の減免、相続税の評価額を三割削減などを行ない、農家の負担を減らしました。

しかし、生産緑地は地価の高い市街化区域にあるため、宅地並み課税となる相続税は莫大な金額になります。特定市民農園に指定されれば評価額は三〇%減額されますが、それでもかなり負担が大きいことに変わりはありません。

＊1：三〇年間耕作を続けられなくても緩和措置はあります。死亡や身体障害などにより農業などの継続が困難になった場合には、自治体などに時価での買い取りを請求することができます。自治体などが請求に応じない場合には、その生産緑地における建築の制限が解除されます。しかし、相続税猶予の適用を受けている生産緑地の買い取り請求をし、それが認められた場合には、相続税猶予が打ち切られるので注意が必要です。相続税全額と、相続の日まで遡った利子税を支払う義務が生じます。なお、特定農地貸付制度で農地を貸し付けている場合、この買取制度は利用できません。

＊2：例外もあります。たとえばAさんが終生農業を続けられなくなった場合でも、息子Bさんに生前一括贈与を行ない、Bさんにかかる贈与税について納税猶予が認められれば、Aさんの相続税は免除となります。

からこそ、税負担の心配なく経営の一部として開設できる入園利用方式を見直すときではないでしょうか。

4 今だからこそ見直したい入園利用方式

日本の市民農園は四タイプ

日本の市民農園は、二〇〇八年現在、大きく分けて三タイプがあります。日常型市民農園、滞在型市民農園（クラインガルテン）、体験農園です。

日常型市民農園は、農地を一定の面積ごとに区分けし（分区ともいう）、それぞれの区画を利用者に割り当てて自由に耕作させる方式のことです。市町村や農協などが主体となって開設・運営する「特定農地貸付方式」によるものと、農家が主体となって開設・運営する「入園利用方式（農園利用方式）」によるものに分かれます。

滞在型市民農園は、文字通り滞在可能な小屋を整備した農園で、多額の資金が必要なため市町村が設置し、市民農園整備促進法を適用し、特定農地貸付方式で開園しているところがほとんどです。

体験農園は、農家が主導して農業体験を行なう農園で、入園利用方式（農園利用方式）のひとつですが、非常に個性的な方式のために独立して扱います。

市民農園をつくろうとするとき、開設したい土地がどんな場所であるか、開設者が誰かなどの条件によって、向いている市民農園のタイプは違ってきます。まずは、それぞれのタイプの特徴をかんたんに説明します。

①特定農地貸付方式による日常型市民農園

特定農地貸付法に基づいて、土地の貸し借りに関する契約を行なった市民農園です。自宅から比較的近いところにある農園を利用するので〝日常型市民農園〟といわれます。

この農園は、平成十九年に農水省が把握した全国市民農園の三二四六農園のうち、約二八五〇農園になります。つまり、現在公表されている内のほとんどがこのタイプということになります。

特定農地貸付法が改正された二〇〇五年より以前は、市町村か農業協同組合しか開設できませんでした。現在は農家も、ＮＰＯ法人や企業なども開設できますが、それらが開設した市民農園はまだ一〇〇農園程度なので、今のところ全国のおもな市民農園のほとんどが、市町村や農協が開設・運営しているものだといえます。

市町村は地域の農家から、農協はその組合員から特定農地貸付法に基づいて農地を借り、希望する市民とも貸付契約を結んで利用させせます（37ページの図参照）。事務のほとんどは市町村と農協が行なうため、多くの農地を抱えながら、自分で開設する時間や労力がない農家にとって、また大量の遊休農地の活用の手段としては、このように市町村や農協に開設・運営を任せるこのタイプが向いているといえます。

農協・市町村・農家以外の個人や団体が開設する場合、地域の「農地保有合理化法人」に間に入ってもらい、間接的に農家から土地を借り受けることになります。農家がこの方式を使って自ら開設する場合も、市町村と貸付協定を結ぶ手続きが必要です。また、特定農地貸付法が定めるさまざまな要件を満たしておく必要があります。

市町村・農協が運営する農園の場合、多くの市民に公平に利用してもらうため、また、農地に対する小作権発生を防ぐため、利用期間が五年以内と定められており、その期間が終わったら、原則として継続利用はできません。熱心な利用者の中には、ここが不満で、農家が開設する市民農園に移っていく人も多くいます。

また、注意したほうがよい点は、相続税の問題です。この方式を採用した農家は、自ら農業経営を行なう意思を持たないものとみなされ、当該農地の相続税の納税猶予が受けられなくなるのです。これは、地価の高い都市部の農家にとってかなり痛手となります。ただし、市町村が開設する市民農園で、一定の要件を満たす「特定市民農園」については、相続税が軽減されます。

コラム2 特定農地貸付方式と入園利用方式（農園利用方式）の開設手続きの違い

農地を利用して市民農園を開設する方法には、特定農地貸付方式と入園利用方式（農園利用方式）の二通りがあります。双方のしくみと開設手続きの違いは、以下の図の通りです。農家や市民が特定農地貸付方式で市民農園を開設するには、複雑な手続きを経なければならないことがわかります。その点、入園利用方式は、農家と利用者が入園利用契約を結ぶだけで成立し、公的機関とのやりとりが必要ないので、開設の事務手続きはとても簡素になります。

（左ページの図の注）

＊1　使用収益権……土地の場合は、地上権、永小作権、賃借権その他の土地の使用および収益を目的とする権利。この場合、農地の使用収益権を実施主体に設定する契約を行ない、さらに実施主体から個々の利用者に使用収益権を設定する。

＊2　特定農地貸付を申請する。

＊3　貸付規程……農地を貸し付ける際、開設者が定める。農業委員会に特定農地貸付を申請する際に必要となる。農地の所在地、面積、募集と選考の方法、貸付期間などの条件、開設者が農地に対して持つ権利の内容などを記載する。

＊4　貸付協定……農協や地方公共団体（区市町村）以外の者が市民農園を開設する際、適切な農地の管理が行なえるよう行政機関が開設者を支援する体制を定める協定。開設者が農地所有者の場合は区市町村と二者間で、農地を所有していない者の場合は、区市町村と、使用する農地に権利を設定した農地保有合理化法人（または区市町村）の三者間で結ぶ。

＊5　農地保有合理化法人……用地などの権利移動に直接介入することで、農業経営の規模の拡大、農地の集団化その他農地保有の合理化を図ることを目的とする公的な法人。都道府県農業公社、市町村農業公社、農協、市町村など。

＊6　使用貸借……使用および収益をした後に返還をすることを約して、相手方からある物を無償で受けとる契約。

＊7　賃借権……賃貸借契約に基づいて、賃借人が有償で目的物を使用収益できる権利。

●入園利用方式（利用者組織がある場合）のしくみ

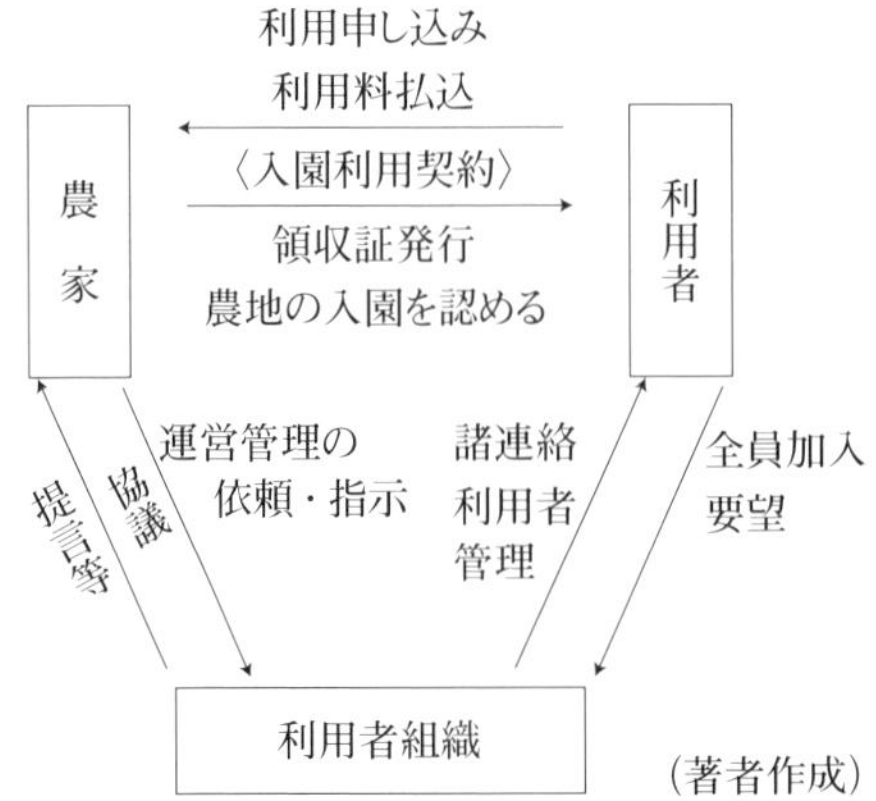

（著者作成）

●特定農地貸付方式のしくみ

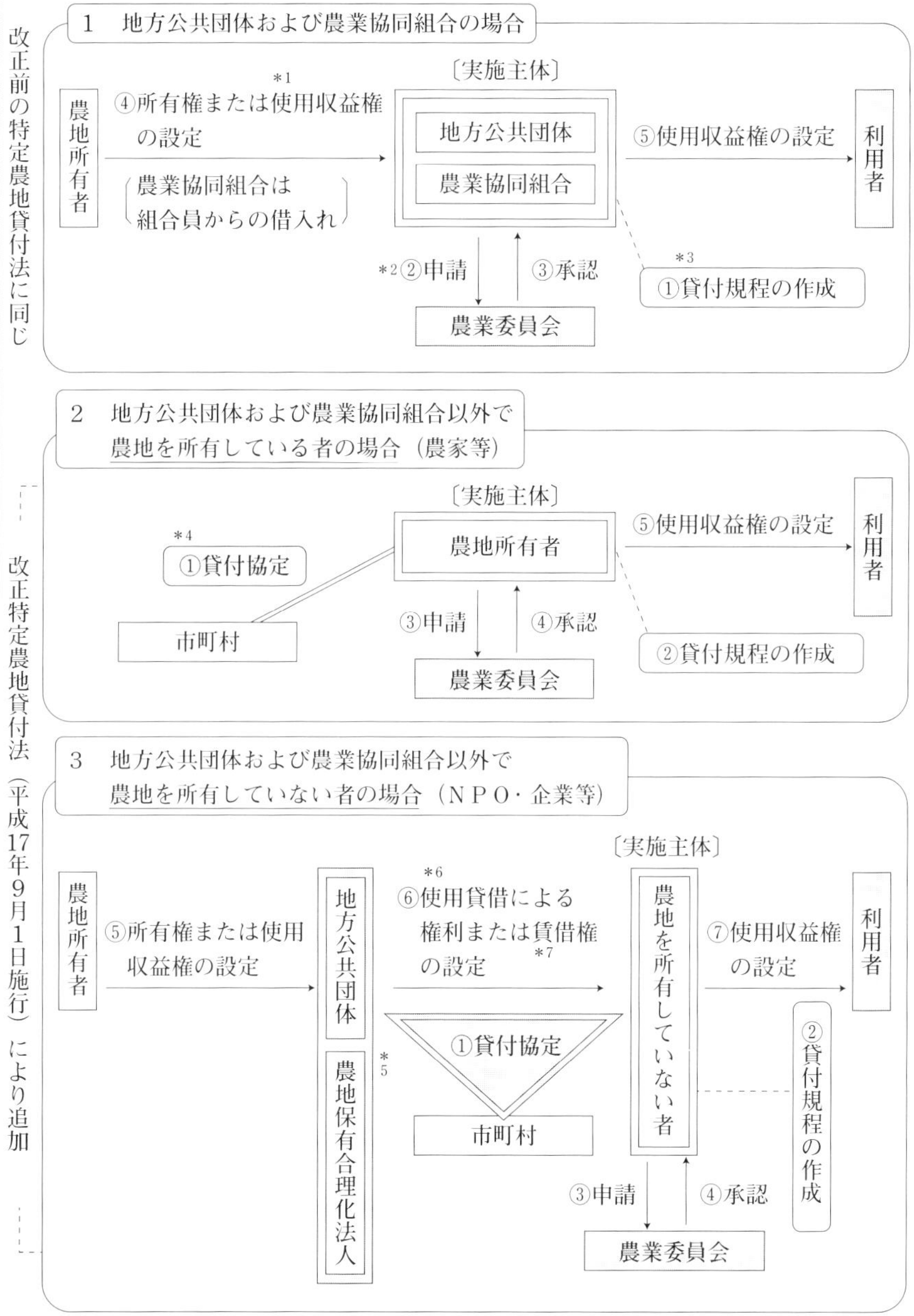

（出典：農林水産省ホームページ「市民農園をはじめよう」より）

ミニ解説5

クラインガルテンの名称について

滞在型市民農園には別名「クラインガルテン」という言葉を使うことが多い。しかし、クラインガルテンはドイツ語で「市民農園」の意味であり、滞在型市民農園を定義する用語としては、正確ではない。ラウベはドイツ語で「東屋」というような意味。ドイツのクラインガルテンにある小屋は、通常宿泊はできないごく簡易な小屋のことを指す。ここも、ドイツと日本で異なるところだ。

②滞在型市民農園

これは農村地域から中山間地域にある〝泊まれる〟小屋を持った区画の大きな市民農園です。各区画には、日常型よりも広めの農地（四〇〜三〇〇㎡程度）と電気、水道、宿泊設備の整った小屋が完備されていて、利用者が一年に数回訪れ、一回につき数日間滞在して利用しています。その利用の姿を一般の人が見て「農園付貸別荘」と呼んだりします。

利用料は年二五〜四五万円程度で、利用者にしてみれば、別荘を買うより安く権利を手に入れることができ、気の向いたときに訪れて田舎暮らしができる便利なものです。この施設は、農村地域や中山間地域の活性化や都市と農村の交流を促進するためにそれぞれの市町村が開設しているものです。

滞在型市民農園（茨城県八千代町の「クラインガルテン八千代」）

このタイプの市民農園は、区画の中に滞在可能な小屋をつくったりクラブハウスを整えたりするので、開設に多額の資金が必要になります。また、小屋などの付帯施設があるので、特定農地貸付方式を採用し、安定した利用と既得権化を防ぐことの兼ね合いで貸付期間は五年程度とし、市民農園整備促進法の適用を受けるのが一般的です。

ドイツの市民農園をモデルにスタートしたところから、クラインガルテンと呼んだり、区画の中に建てられる小屋をラウベと呼んだりします。

③入園利用方式による日常型市民農園

このタイプは、日本の今日の市民農園の原型です。見たところ、特定農地貸付方式の市民農園とほとんど変わりません。区切られた農地を、それぞれの利用者が自由に耕作しています。ですが、開設も運営も基本的には農家が行なっているので、その運営方法は大きく異なっています。

入園利用方式はどの法律にも基づかないため、先にあげた農水省の統計には含まれていません。しかし、特定農地貸付方式が生まれる前は、市民農園はすべて、農家が独自に自分の農地を市民に利用させる入園利用方式でした。また、市町村が補助金を出して農家に市民農園を開設させている場合がありますが、これらも入園利用方式とされ、統計には含まれません。たとえば、千葉県千葉市の市民農園の数は特定農地貸付方式によるものはありません。一方、千葉市が助成を行ない利用希望者の募集をしている農園（入園利用方式）は三〇農園あります。しかも、農家と市民の共同作業で独自に開設しているものは、この中に入ってきません。結局、千葉市の市民農園で、農水省の統計にカウントされているのは、入園利用方式で開園し、市民農園整備促進法（27ページ参照）の適用を受けている一農園だけです。このことからもわかるように、実は市民農園でもっとも多いタイプは入園利用方式だと考えられます。

このタイプは、貸付けではなく、農地の権利移動（ミニ解説６）がありません。農家が経営する市民農園に利用者を「入園」させ、レクリエーションのために「利用させる」という意味で、このような名

ミニ解説６　権利の移動とは

農地の所有権を誰かにゆずったり、農地等について使用および収益を目的とする権利（使用収益権）を、所有者以外の誰かに許可することを権利の移動という。使用収益権には地上権、永小作権、使用貸借による権利、貸借権などがある。

称で呼ばれてきました。農家が自分の経営として行なうので、自由が利きます（ただし、市町村から施設費補助などの助成を受けて開設する場合は、特定農地貸付方式の貸付期間に準じたような更新期限を設ける事例も多くあります）。特定農地貸付方式と違い、利用年数に制限を設ける必要もありません。面倒な法律の手続きもいらず、開設者が自由に運営方法を設定することができます。また、利用者が長期にわたり利用更新していくので、開設者は利用者の中に頼りがいのある信頼できるパートナーをつくり、そのパートナーに支援を求めながら、ゆとりを持った行き届いた農園管理をすることも可能になります。ただし、形式的には、利用期間は一年未満として次年度まで形式的に空白の期間を設けておくことが望ましいでしょう。慣習的に権利を発生させ、利用者と開設者の間にトラブルが生じるのを防ぐためです（詳しくは94ページ参照）。

④体験農園

このタイプは、農家が自ら開設・運営する入園利用方式（農園利用方式）に入りますが、独特の経営手法をとるため、この方法のみを〝体験農園〟と区別して呼んでいます。農家が耕し栽培計画を立てウネつくりをした農園で、利用者は講習を受けて、農家の指示に従って野菜づくりの作業を行ないます。自分のやりたいものを自由につくれないものの、農家から直接農業技術の指導をしてもらえるので、市民農園というよりはカルチャースクールのような感覚で通える農園といえます。

体験農園の畑は、長いウネ一本ごとに一つの野菜が植えられ、まるで専業農家の畑のように整然としています。このウネを数株ずつ分区し、利用者に作業と収穫物を割り当てています。それにより利用者はいろいろな種類の野菜をそれぞれが同じ量ずつ収穫することができます。農家の指導の通りに作業するので、出来不出来の差が少なく、良質な野菜が収穫できます。農園によっては減収補償も行なうそうです。

この方式では、農家の経営の中で行なうため、市民農園としては入園利用方式（農園利用方式）にな

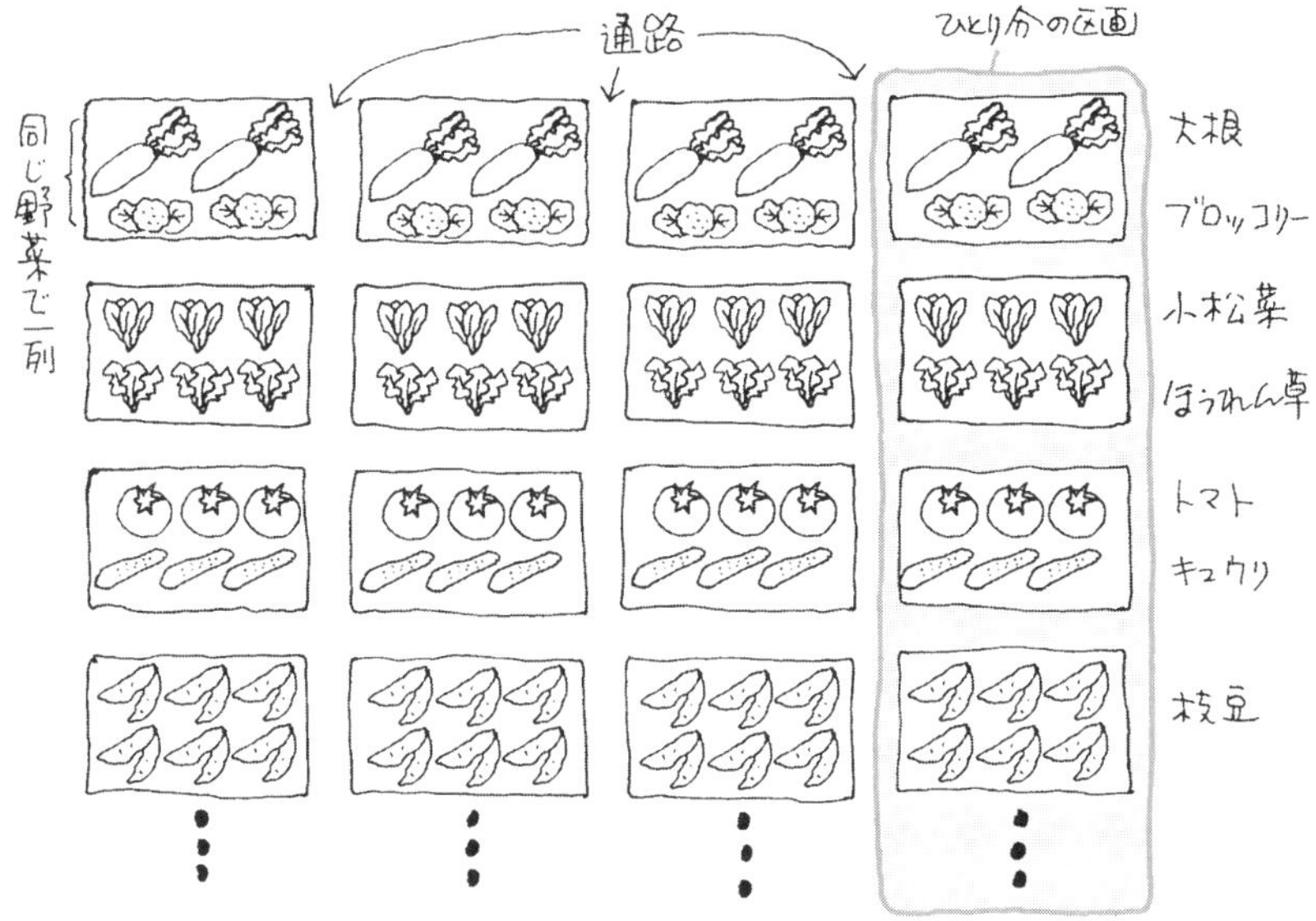

体験農園の分区の仕方

体験農園（東京都）

り、相続税納税猶予の対象となります。また、体験農園であるので、開設者は、利用者が十分な体験を行ない収穫物も得られるように、播種・植付け前の耕うんや元肥施用を均等に行ない、利用者に事前の講習会を開きます。後は、利用者にそのつど栽培管理の連絡を行ない、ほぼ揃った形で作業を始めます。

したがって、開設者は栽培前の準備から全体を通してのきめの細かい管理、そして利用者への手厚い指導が必要になります。このことから、この方式は自ら十分に作業できる農家で、都市の農地を守りたいとか市民に体験学習をさせたいというような、意欲的な開設者におすすめの方式です。

この農園は、自分の好きなものを自由に栽培することはできません。マニュアルに従うことが大事です。利用者はカルチャースクールのような感覚で利用するのもよいと思います。農家がかなりの労力を投入して経営する農園ですから、当然、その利用料は、講習会や開設者が投入する肥料などの資材、開設者の管理・指導・前後の作業などのコストを考えると、一般の日常型市民農園より大幅に高くなるのが当然です。東京都農業体験農園園主会では、粗収入の基準を一〇aあたり一〇〇万円としています。区画の大きさは三〇㎡程度、一区画あたりの利用料は三万円程度にしている農園がほとんどです。このタイプの代表的な例として、東京都練馬区の加藤義松さんや白石好孝さんの取り組みがあります。

農家が選べる特定農地貸付方式と入園利用方式の比較

市民農園のタイプとして四つのパターンを紹介しましたが、農家が自ら開設する方式として、現在選択できるのは、特定農地貸付方式による日常型市民農園、入園利用方式による日常型市民農園、入園利用方式である体験農園の三つです。あとは、市町村や農協などが開設する市民農園に農地を提供するという選択肢があります。これらを選んでいく上で大切なことは、特定農地貸付方式と、入園利用方式の違いを知っておくことといえます。まずは、表3をご覧ください。

特定農地貸付方式ではさまざまな制限が生じる

特定農地貸付方式は、二〇〇五年の法改正で農家でも選択できるようになった新しい方法です。しかし、この方式を選ぶ際には、そのメリット、デメリットをよく考えてからのほうがよいでしょう。実はこの方式を選ぶことによって、入園利用方式にくらべさまざまな制限が加わることになります。

まず、相続税の猶予が認められません。この方式を採用した農家は、農地を第三者に貸し付けること

表3　市民農園のタイプ別長所・短所

	特定農地貸付方式 日常型市民農園	入園利用方式 日常型市民農園	滞在型市民農園	体験農園
開設者	市町村・農協・農家・NPO・企業・個人他	農家	実質的に市町村	農家
相続税猶予	×	○～△	×	○
農家が行なう開設までの公的手続き	必要＊1	なし	市町村が手続きするので，農家自身は楽	なし
農家の収入	低い	中程度	低い	高い
基づく法律	特定農地貸付法または市民農園整備促進法	なし。ただし市民農園整備促進法の適用も地域によっては受けられる	特定農地貸付法または市民農園整備促進法	なし。ただし市民農園整備促進法の適用も地域によっては受けられる
開設投資	農園によりさまざま	低い	高い（農家の負担ではない）	利用者の農具，種苗などの経費がかかる
長　所	・農地法上の扱いが明確 ・必ず市町村が関係してくるので，安心して進められる ・公的支援を受けやすい	・農家なら自由に開設・運営できる ・利用者に農地に対する権利は生じない ・利用者が土づくり・輪作を進められる仕組みをつくれる ・利用者の長期間利用が可能	・農地法上の扱いが明確 ・必ず市町村が関係してくるので，安心して進められる ・公的支援を受けやすい ・事業規模が大きく，広報効果は大きい ・利用者を滞在逗留させることができる →地域活性化	・農家なら自由に開設・運営できる ・利用者に農地に対する権利は生じない ・高い利用料設定が可能 ・利用者をコントロールできる（その必要がある）
短　所	・利用者に農地に対する権利発生 ・市町村が同意しないと動けない ・利用者の長期利用不可	・開設運営は自力でやるので，公共団体によるフォロー（支援）が欲しい ・公的支援を受けにくい	・利用者に農地に対する権利発生 ・市町村が同意しないと動けない ・利用者の長期利用不可	・開設・運営は自力でやらなければならない（そのため，公共的な団体のパートナーが欲しい） ・利用者を栽培全期間を通して指導する能力と時間が必要

＊1　農家が自分で開設せず，市町村や農協に土地を委託した場合，必要な手続きは市町村・農協が主導権をとってすすめるので楽

表4　2つの市民農園開設方式の違い（現在）

	入園利用方式	特定農地貸付方式
方式が生まれた時期	市民農園が生まれた昭和45年（1970年）頃	特定農地貸付法が定められた平成元年（1989年）
根拠となる法律	なし	特定農地貸付法（正式には，特定農地の貸付に関する農地法の特例に関する法律）
利用の方式	入園料を徴収して，利用する区画を指定して11カ月利用させ，1カ月の空白期間をおいた後，希望者には改めて申し込みさせ，同じ区画を繰返しで利用させる。利用者に農地に関する権利を生じさせない方式	利用者に使用収益権を設定。貸付期間は5年以下。契約期間が終了すると，新たに利用者を選定する
手続き	法的にはなし。入園利用契約を結ぶ	開設者によって手続きが異なる。貸付規程の作成，農業委員会の承認は必須
開設できる者	農家（市民農園用地を所有する者）に限る	農家，農業協同組合，市町村，NPO団体，企業など，誰でもできる
相続税の猶予	猶予の実績あり	受けられない（市町村が開設する場合は一部減免措置あり）

コラム3　市民農園開設と農業者年金の関係

農業者年金に加入するには以下の三つの要件を満たす必要があります。①二〇歳以上六〇歳以下であること②国民年金第一号被保険者であること③年間六〇日以上農業に従事していることです。たとえば、めったにないケースではあるものの、農家が自らの農地をすべて特定農地貸付方式によって市民農園にした場合、その農家は農業に従事しているとはみなされなくなり、③の要件を満たすことができず、加入資格を失ってしまうことになるので注意が必要です。

一方、入園利用方式（農園利用方式）で市民農園を開設した場合、農地を貸すことなく自らの農地で農業経営を行なっていることが明確であるため、年金加入資格はあるとされます。

になりますから、自ら農業経営を行なう意思を持たないものとして、当該農地の相続税の納税猶予は受けられなくなります。都市部の地価の高い地域に農地を持つ農家は、このことを念頭においてください。なお、一部例外もあります。市町村が開設する市民農園に対して貸し付ける場合、いくつかの条件を満たせば「特定市民農園」となり、農地としての土地評価額から三〇％控除した金額で評価されます。

次に、手続きの煩雑さがあります。特定農地貸付方式で市民農園を開設する場合は、必ず市町村と貸付協定を結ぶ必要があります。また、農業委員会に対しては特定農地貸付の申請をし、承認を受ける必要があります。その際、貸付規定を事前に作成しておき、貸付協定とともに提出しなければなりません。

また、貸付期間にも制限が加わります。特定農地貸付の定義には〝貸付期間が五年を超えないこと〟とあります。同じ人には、五年以上貸し付けることができないのです。

入園利用方式は農家の経営
——園主の権限が強い

いろいろと制限が加わる特定農地貸付方式にくらべ、入園利用方式は農家の経営のひとつですから、当然経営の範囲内で、農家が自由につくっていくことができます。

利用者は、農家に入園利用料を払って、レクリエーション農業を楽しむことができますが、利用者に使用収益権を設定する特定農地貸付方式と違い、農地に対してはまったく権利を持っていません。ですから、農園内では園主である農家の指示に従うことが原則で、あらゆる決定権を園主が持っています。農家は農園の運営をしやすいように、自らの創意工夫で市民農園のルールづくりをすることができます。もし、利用者が周囲の区画や人に迷惑をかけるなど目にあまる行為をすることがあれば、農家は毅然とした態度でその人に改善をもとめ、場合によっては強制退去を実行することもできます。使用収益権をもとに利用者から権利主張をされ、大きなトラブルに発展することはありません。

しかし、自由に決められる入園利用方式だからこそ、園主が一方的に決めるのではなく、利用者と一体となって利用者にとって利用しやすいルールづくりをしていくことが、スムーズな運営の秘訣となる

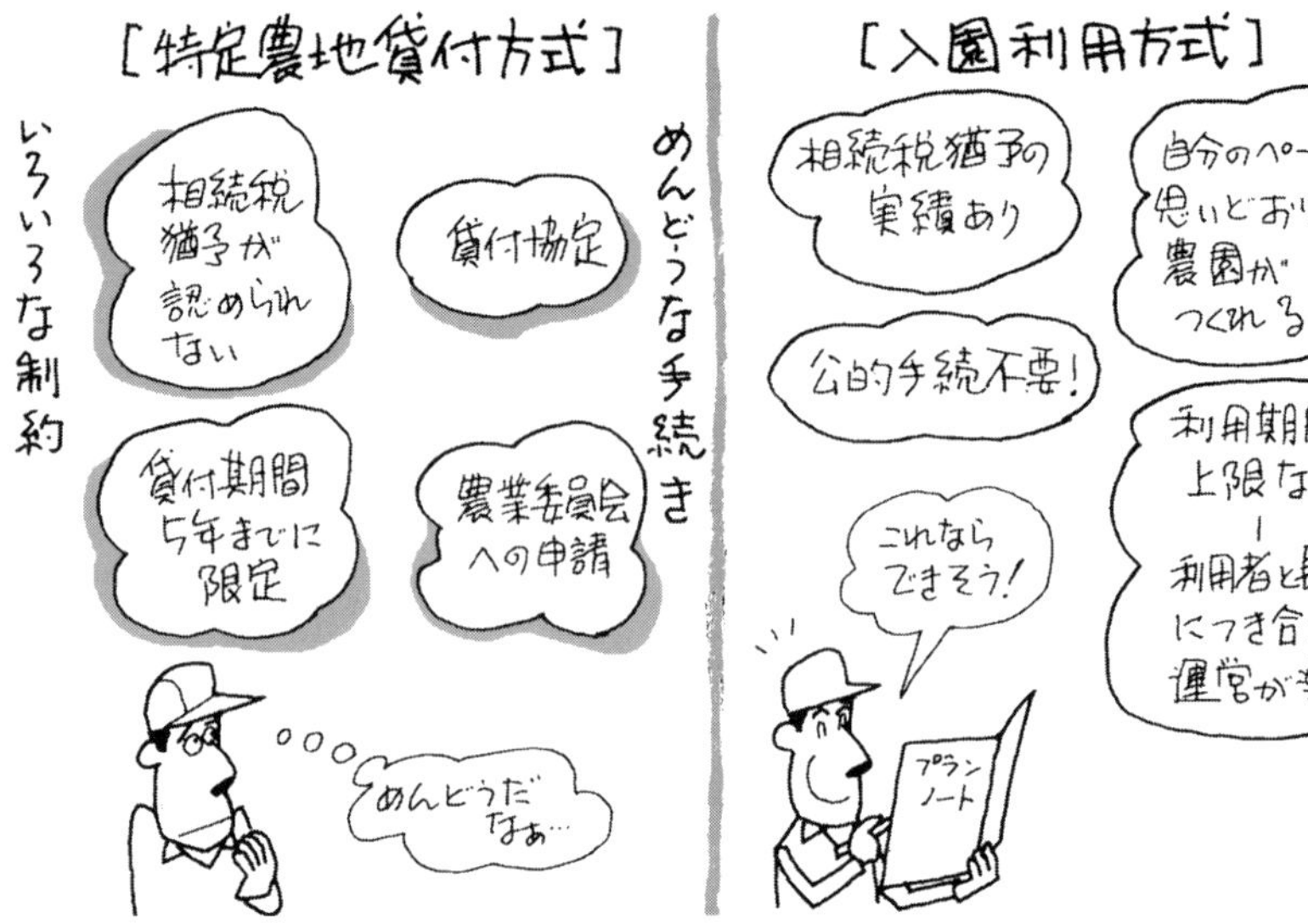
自分のペースで思いどおりの農園がつくれる
利用期間の上限なし
利用者と長期につき合え、運営が楽に

自分で市民農園をやるなら入園利用方式！

ことも覚えていてください（規則づくりについては第2章以降で詳しく解説します）。

利用年数を制限しない
——土づくりと輪作が農地を守る

先述した通り、入園利用方式の市民農園では、利用者の希望があれば何年でも同じ区画を利用できるようにするのが望ましいことです。このことは、利用者がやりがいを持ってじっくり取り組めるだけでなく、農地を良好な状態に維持していく上でもたいへん重要な意味があります。

農地をよい状態で管理していくということは、毎年野菜が安定して収穫できるようにしている状況といえます。つまり、作物が育ちやすいように土壌がやわらかで通気性があり、酸度が偏らず、作物にとっての土壌中の栄養分（肥料分）や腐植が程よく存在する状況をつくり、維持していくことです。そのために、石灰や堆肥を施し、よく耕しておくこと、いわゆる〝土づくり〟をすることが必要です。

また、連作（同じウネに連続して同じ作物をつく

利用年数制限がないと土づくりに本気になれる

ること）すると、土壌中の養分バランスが崩れ、その作物の生育を押さえる物質が蓄積し、病害虫の発生しやすい状況になるので、最低でもアブラナ科、ナス科、根菜類、その他の四グループで毎年ウネを変えていくような輪作をしていくことが必要になってきます。

　このような土づくりや輪作は、利用期間が一年とか三年というような短い期間しか利用できない市民農園では取り組めません。四つのウネで輪作を二回転行なうとすれば八年は必要です。また、堆肥は三年ぐらい効くといわれるように徐々に分解していきますが、土づくりには不可欠のものです。ところが、利用期間が短い市民農園を利用している人々の中には、〝堆肥をまいても次の利用者のためにやっているようなものになるから〟といってもっぱら即効性の化成肥料しか使わない人も結構います。とくに利用の最後の年には、堆肥はもちろん化成肥料も使わない人がいます。そして除草もあまり行なわない人もいます。このようなことになると、園主が相当に手を加えないとよい管理はできません。これが、都市型の多くの市民農園が見苦しいといわれる管理状態を生み出します。

同じ区画を一〇年二〇年と長く利用できるようになると、利用者は長く楽しむため、じっくりと土づくりから取り組み、輪作計画をメモ用紙の上や頭の中に描き、自然と安定した野菜づくりを行ないます。よい管理状態を続けていくためには、同じ区画を何年でも更新して利用していけることが重要です。

入園利用方式は兼業農家でもできる

入園利用方式の市民農園は、都市農業の発展の中から生まれたことを説明しました。都市の専業農家は、集約的な野菜栽培や果樹園により、単位面積あたり高い収益をあげることがもとめられました。集約農業に労働時間をとられるため、農地の一部を省力的に運用するために、入園利用方式の市民農園を採用する農家が多かったのです。

一方、都市の兼業農家にとっても、入園利用方式は有効な経営手段でした。兼業農家にとっては仕事と自分の農業との時間の配分も重要です。手が回らない畑を、イモやラッカセイの掘りとり園や、果樹のもぎとり園、花の摘みとり園にしたり、作付けの頃からウネごとに購入相手を決めてしまう〝ウネ売り〟にしたりと工夫をしていましたが、その中で、ウネ売りのウネよりももっと大きい面積でいろいろな野菜を自由に一年間つくらせて、観光果樹農園のような入園料をとることを考えました。労働力調整対策としての援農として、入園料を徴収した観光農業として、市民農園を位置づけたのです。

相続税対策は日頃の記帳が大切

このように仕事が忙しい兼業農家にとっても、入園利用方式の日常型市民農園は有効な経営方式のひとつとなっていきました。しかし、おなじ入園利用方式でも、体験農園は農家が利用者の使用する種や苗をひと通り準備したり、作業を手とり足とり教えるカリキュラムを組むため、兼業農家ではなかなか手が回らないでしょう。

入園利用方式の相続税猶予の実績

市民農園の需要がより高い都市地域は地価が非常に高く、相続が発生すると経営農地を削って物納しなければならず、相続が三代続くと農地はほとんど残らないといわれるところがあります。そのため、このような高地価地域の農業では相続税の猶予が非常に重要になります。

農地の場合は、相続人が相続後もそこで農業を続けていく場合に限って納税猶予を受けることができ、相続人が死亡するか、二〇年以上農業を続けるか、農地の全部を農業後継者に一括生前贈与し、その贈与税について納税猶予の特例を受ける場合、納税免除を受けることができます。これは市民農園においても例外ではありません。ただし、特定農地貸付方式で土地を〝貸す〟と、相続税猶予の対象外となってしまいます。入園利用方式で自ら経営している場合に限り、相続税猶予の対象となりうるのです。

税金を徴収する機関としては、対象となる農地の所有者に自らの農業経営継続意思がなければ猶予は認めないと、徴税の立場からは厳しい対応をします。したがって、曖昧な形で入園利用方式で市民農園を行なってきた農家としては、税務署に認めてもらうのがたいへんでした。

東京都では、農家と農業会議が努力して体験農園を確立し、体験農園方式として必要な条件を整えて経営していれば、相続税猶予が認められる事例が増えてきており、全国に展開していく動きも出ています。税制対策として注目されることが多い体験農園ですが、いうまでもなく、体験農園のメリットは税制対策だけではありません。体験農園の重要性は、農地と農業経営の継続、市民のカルチャースクールタイプの農業体験の場の確保、農業が残ることによる都市環境の保全、人が集うことによるコミュニティ機能の発揮にあるはずです。税制対策は、このような農業・農地を守る手段として重要なわけです。

古くから行なわれてきた入園利用方式の市民農園は、市街化区域に囲い込まれる優良農地を守っていくために農家の知恵として農地法と折り合いをつけて生まれてきたものです。それぞれ農業経営の一部門として自らのマネージメントの下で行なわれてきましたから、相続税の納税は猶予されてきました。もちろん、納税猶予が認められるには、自ら経営として入園利用方式を位置づけ、それを利用者にも理解してもらい、日頃から経営記帳をきちんと行なって農業委員会などの理解を深めておくことが重要です。

入園利用方式の市民農園の利用者は、園主の農家と親しく付き合い、主体性を持って耕し、自ら食べる安心・安全の野菜をつくり、農地と農業経営の維持継続を支え、園主と利用者グループによるコミュニティづくりを行ない、農業による都市環境の保全活動を行なってきました。まさに、農家と市民による農業の多面的機能の発揮です。

農家にとっても利用者にとっても、都市の農地を減らさないことは大きな課題です。そのためには都市の住民が〝都市を耕し〟、農家とともに農地を適切に管理し維持していく取り組みが重要で、もっと評価されるべきことです。

市民農園の永続には税制改革が不可欠

税制度のせいで都市の農地が減り、都市環境が後退するのは困ります。現在の相続税納税をめぐる評価はたいへん厳しく、入園利用方式でも納税猶予を認められない事例もでてきています。市民農園が誕生してから続いている入園利用方式（農家経営）で認められていた猶予対象がはずされるようなことになれば、これは公共政策の後退です。

ヨーロッパでは栽培・健康・環境・コミュニティ・福祉という面で市民農園は捉えられ、公共政策として進められています。日本の場合は、市民農園の用地は農地に頼らなければなりません。

農家は自分の私経済の中からこのように大事な事業に取り組み、大きな社会貢献をしています。だから、自分の農地を市民農園に活用する農家に対しては、その農地を自ら管理しようが他の機関団体に委ねようが、農地に対する税負担は軽減するべきでしょう。

しかし現状では、税務署によっては、入園利用方式の市民農園を経営として認めず、相続税猶予を認めない事例も出てきています。個々の事例により、また税務署により対応が分かれているので、入園利用方式の市民農園を開設する農家は、農家の経営として行なっている形式をきちんと整え、自ら堂々と主張していくことが必要です。税制が大局的な見方から適正に改善されるよう、まずは私たち一人ひとりが現場で自らの経営として行なっていることを主張していくことが必要です。

5　入園利用方式が成立する条件

入園利用方式の市民農園の開設の手順については、第2章で詳しく解説しますが、ここでは、どのようなところをおさえておけば、入園利用方式としての形が整い、経営の一部として位置づけられるのか、そのポイントを整理してみたいと思います。

「入園利用契約」で貸すのではないことを明らかに

まず、農地を〝貸す〟のではなく〝利用させている〟という形式をはっきりとさせることが大切です。そのためには、口約束ではなく、利用者と相対で「入園利用契約」を書面で結んでおく必要があります。

一年の利用期間は一一カ月以内

入園利用方式では、とくに法律の規制があるわけではないので、何年でも、同じ利用者に同じ区画を利用させることができます。しかし、ただ年間利用料を徴収するだけのあいまいな更新の仕方だと、利用者の中にも権利意識が発生し、自分はこの農地を借りているという意識になっていき、思わぬ権利主張をされることにもなりかねません。実際にそういう例があります（第2章を参照）。

私が利用している萩台市民農園では、けじめをつけるために毎年の利用は一一カ月として（三月から翌年一月まで）、次年度までに一カ月の空白期間を設けています。空白期間開けの前に改めて申込みをさせて（入園利用契約書に記名してもらい）入園利用料を徴収しています。こうすることで、利用者も園主も、入園利用であることを毎年再確認していくことができるのです。

利用料を記帳して確定申告

当然のことですが、入園利用料は農業収入としてしっかり記帳し、確定申告をしておくことも肝心です。これは市民農園が園主（農家）にとっての経営の一部門であることを対外的にアピールするという目的もあります。将来農地の相続・贈与の問題が出てきたときに、相続税、贈与税の猶予を認めてもらうための基礎にもなります。

6 利用者組織をつくり、農家が楽で利用者が楽しい農園に

兼業ミカン農家がつくったヒラオカ楽農園

ここでひとつ、入園利用方式の市民農園ヒラオカ楽農園の例を見てみましょう（巻頭カラー口絵）。

静岡市清水区の郊外にある山地でミカン園を経営する平岡さんは、入園利用方式で市民農園をつくりました。私が視察に訪ねたとき、平岡さんは「農家が楽（らく）で、利用者が楽しい市民農園を目指して〝楽農園〟と名づけました」と、持ち前の陽気さで楽しそうに語りながら市民農園を案内してくれました。眼下の市民農園とミカン畑越しに清水区の市街地が広がり、その向こうには清水港と駿河湾が広がるロケーションが非常によい山肌の楽農園は、楽

しい雰囲気が漂います。

農業技術の革新や経営の改善において重要な目標の一つに、省力化、楽になるというものがあります。無理な、過重な作業労働をするのではなく、健康的でゆとりのある作業環境をつくるということで、そのゆとりが経営を発展させるということです。そのために経営の外部から作業労働を入れることが有効です。自分の農業経営の中に市民農園を加えるということは、市民の余暇活動などを自分の経営の中の作業労働に代えて導入するということです。ヒラオカ楽農園もこのような発想で生まれました。

ヒラオカ楽農園の名物手づくり看板と，園主夫婦

平岡さんは、一・五haの蜜柑園を経営する専業農家でした。ところが一九七二年のミカン価格の低迷で兼業農家になり、週末に行なう農作業はたいへんな重労働で、雑草との戦いだったそうです。そして、もう少し楽に農地管理をしたいと思っていたころ、野菜づくりをしたいという町の人の声を聞き、一九九六年に果樹園の一部を市民農園に変えました。ミカン園であることを活かして、ミカンの樹つきの区画もあります。

ヒラオカ楽農園の場合は園主の平岡さんが非常に積極的に利用者とコミュニケーションを図っています。会報をつくったり、ミカンの収穫祭を催して交流したり、意欲的な利用者と一緒に趣味のサーク

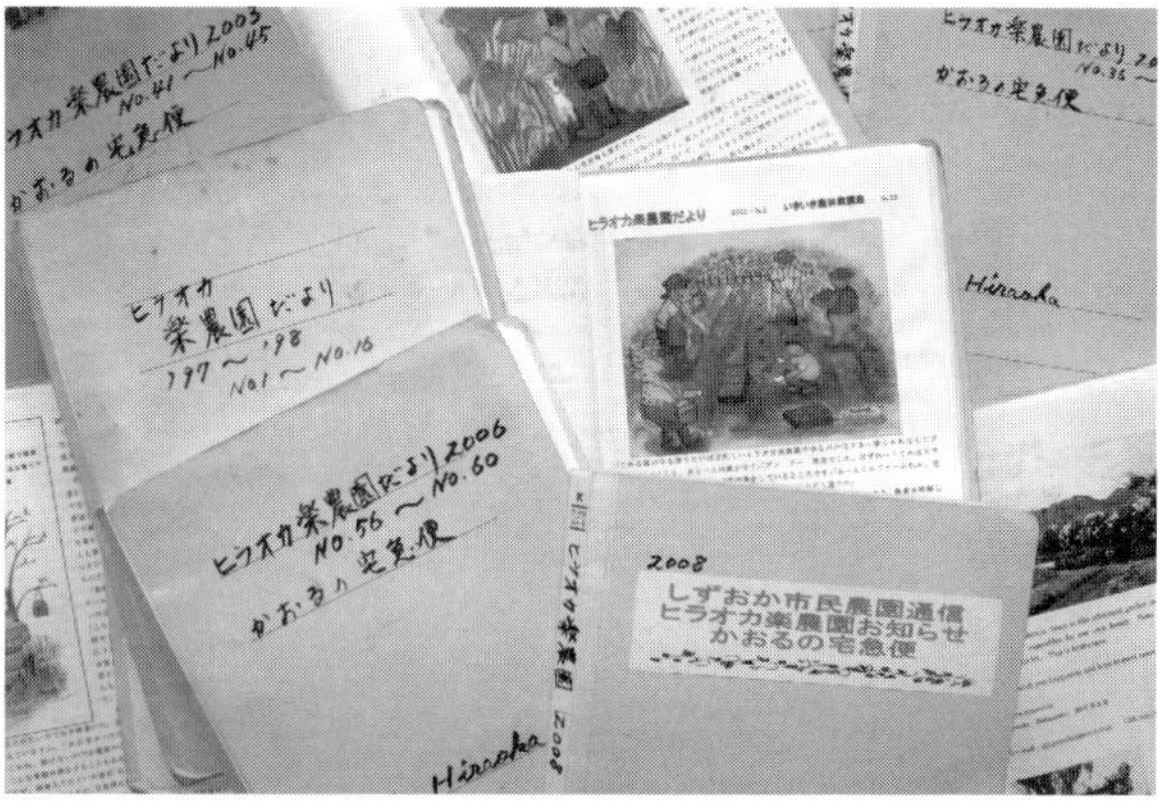

定期的に発行している会報「楽農園だより」

ルをつくったりと、その活動は多彩です。そのひとつ「雑木林里親の会」では、利用者の人たちと荒れたミカン園を雑木林にする活動をし、農園の道の整備も行なっています。また、「ベリーベリー倶楽部」をつくり、ジャムづくりなどの農産加工グループ活動を進めたりしています。入園者には〝田舎暮らしをちょっとおすそ分け〟、そして私は〝人手不足解消と農地保全対策〟のギブ&テイクで、すばらしい共生を生み出したと平岡さんは語っています。

　住宅団地やマンションに住む人々の中には、大地に触れたい、耕して何かを育てたいと思っている人がたくさんいます。また、戸建て庭付きの住宅に住む人々でも、庭には花を咲かせ、農地を借りて野菜づくりをしたいと思っている人々も少なくありません。これらの人々のために市民農園をつくり利用してもらえば、それらの人々の力を活用して農地を耕すことができ、ヒラオカ楽農園のように利用者は楽しく、農家は楽をする（ゆとりある農地管理をする）ことができます。

　千葉県市川市では、ナシの専業農家が休耕田を市民農園として開放し、利用者で希望する人にナシの受粉作業のアルバイトをしてもらっています。このように、市民農園で生まれた人間関係が自分の経営に直接役立ってくることも珍しくありません。こういう、利用者の力を市民農園の運営に活かしていく起爆剤となるのが「利用者組織」です。

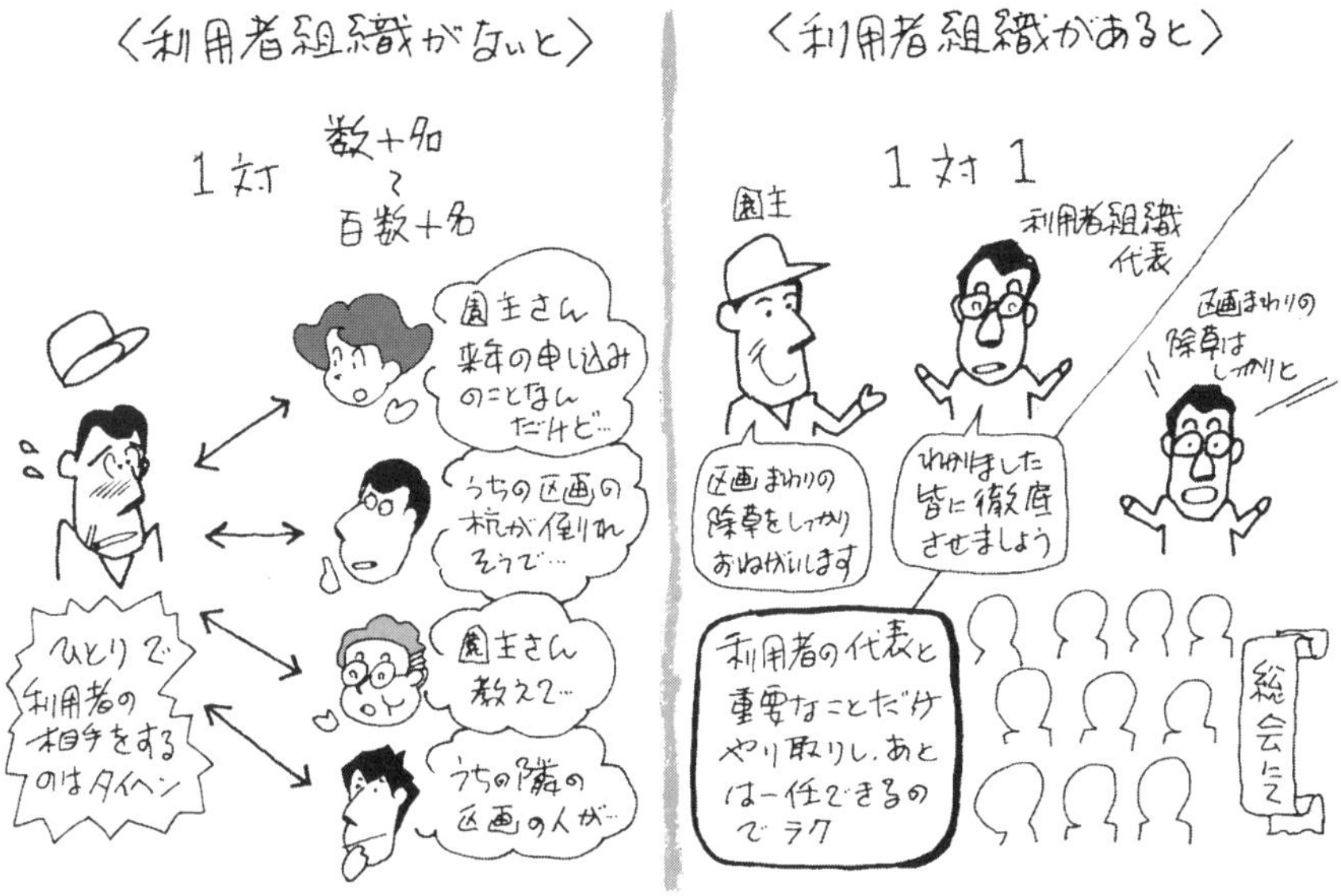

農家と利用者組織，1対1で付き合えば，管理も楽に

利用者組織が運営を楽に、効率的にする

市民農園を開設すると、開設者（農家）は、農園のＰＲから始まり、利用規則づくり、利用者の募集、利用区画の割り振り、利用料金（あるいは貸付料金）の徴収、利用者の利用状況の把握、利用者への助言指導、市民農園施設の維持・改善、利用者への栽培など指導、農園に活気を与えるための行事の実施、そしてこれらを含む市民農園経営など、市民農園の管理・運営を行なっていくことになります。また、原則的には、区画数の数の利用者とお付き合いをすることになります。

たとえば、カラー口絵で紹介した萩台市民農園のように、一人の開設者が一二〇区画の市民農園を開設すると、一人で一〇〇人以上の利用者を相手にしなければなりません。これはとてもたいへんなことです。しかし、この利用者を組織化し、園主（開設者＝運営管理者）と利用者組織を一：一の対などの関係にしておくと、基本的には一人と対応していることになり、運営がとても楽になります。利用者組織があれば、利用料の徴収やイベント運営、農園のメンテナンスなどの作業をある程度委託していくことができます。

ある程度自主的な管理を任せるようになると、利用者は可能な限り長く市民農園利用を楽しむために、園主が安心して農業・農家経営に打ち込めるように、〝お互いさま〟の気持ちで自らを管理し、よき仲間組織へと努力し、園主とのよきパートナーシップの維持に努めます。このようになれば、農家は楽になります。

また、利用者の人たちはさまざまな仕事の経験者たちの集まりであるので、人材の宝庫です。園主は利用者の主体性を大事にしながら、管理・運営のさまざまな事柄について責任者を通して利用者組織に委ねて行きます。

一〇〇人を超える利用者の中で、絵を書くのが得意の人はポスターを書いてくれます。ルールづくりに慣れている人は規則などをつくります。物づくりがお得意の人は、休憩場所やベンチや小道具をつくります。野菜や花の栽培のベテランは新人にアドバイスします。さらには、入園利用料の徴収事務のように手間がかかるものは、利用者組織の役員が分担して行ないます。

農地の貸し借りという権利移動がない、農家の経営の中でのことですから、農家と利用者がお互いに理解しやすく守りやすいルールを、農家自身が利用者の代表の意見を聞きながら自由につくることもできます。

入園利用方式だからできる利用者組織

ヨーロッパでは市民の求めに応じて公共の土地を行政が市民に提供しており、市民農園ごとに利用者組織がつくられ、自主的に農園が運営されています。これは、利用年数が三〇年など長く設定されていて、利用者が継続的に安定して運営に関わることができるために可能になっています。

一方、日本の市民農園は、ほとんどが農家の所有している農地を利用しています。私有地である農地に対して、利用者がその運営に介入するということに、利用者も遠慮し、農家も警戒しているところがあるように思われます。草の根で行なわれている入園利用方式の市民農園は農家の個人経営のようになっていて、利用者が管理・運営に関わることはほとんどありません。また、特定農地貸付方式では基本的に市や農協が運営しており、しかも利用年限が五年以内と限られているため、利用者が組織的・継続的に農園の管理・運営を行なう余地ほとんどありません。

しかし、利用の年数の制限がなく利用者が長期間定着できる入園利用方式なら、やり方しだいでは、農家と利用者が力を合わせて、じっくり時間をかけて協働で市民農園を管理・運営する体制をつくっていくことができます。利用者自身が市民農園を自分との大切な関わりの深い場所として、積極的に関わっていくことが、秩序ある安定した市民農園運営に非常に有効です。

来週ラベンダークラフトつくりをやるんだけど、一緒にいかが？
いいですネー
ミニサークル
3年目でなれてきたことだし、来年幹事をやってもらえんかね？
ボクでよければやりますョ
管理組織
利用者組織で利用者どうしの交流が深まる

利用者組織は仲間づくりのきっかけに

市民農園において、耕す仲間の存在は、農園の楽しさを何倍にもしてくれます。市民農園に行くとそこにはいつも耕す仲間がいて、お昼時や作業の合間の休憩時に、農園の脇の休憩所で仲間たちと談笑しながら至福のときを過ごすことができます。その話の輪の中に、ときどき園主さんも加わり、話が弾みます。

集いがあり行事が行なわれると、仲間たちは得意とする野菜づくり情報を伝え合ったり、できた野菜の食べ方（料理法）を教え合ったりします。

このように親しい仲間をつくれるのも、年数を制

コラム4 市民からの要望で生まれた市民農園——えにわ市民農園

市町村や農協が開設する市民農園は特定農地貸付方式なので、五年以上同じ場所を耕し続けることはできません。野菜づくりをじっくりと腰を落ち着けて楽しみたい人にとっては利用年数制限のない入園利用方式の市民農園がおすすめです。しかし、入園利用方式の市民農園は農家の個人経営であまり宣伝もされず、探すのが難しいようです。こうした場合、利用者側から農家に話を持ち込んでつくることもできます。このような例が一般には知られないまま各地に存在します。

北海道のえにわ市民農園もそのひとつです。開設の中心となった木佐和美さんはかつて、クラインガルテン（ドイツ語で「市民農園」）で知られるミュンヘンで生活していました。ミュンヘン市民の生活にしっかりと根を下ろしているクラインガルテンを、ぜひ恵庭でも実現したいと思い、恵庭市に開設をお願いに行きました。しかし、当時は市民農園整備促進法ができてまもない時期で、京浜・京葉・京阪神エリアのような巨大都市圏を除いては市町村が市民農園を開設する機運が生まれていませんでした。いろいろと努力しても見通しが立たず、木佐さんが途方にくれていたとき、一人の市役所職員がある農家に相談してはどうかとアドバイスしてくれて、今の〝えにわ市民農園〟の園主さんに出会いました。木佐さんのアイデアとプランを積極的に受け止めた農家の協力で、木佐さんは〝恵庭市民農園世話人会〟を組織し、入園利用方式で利用者が管理運営する市民農園を発足させ、着実に発展させています。

今では市民農園もかなりポピュラーになってきたので、市町村も農家も市民農園にはおおむね前向きです。利用者側から農家が安心して話に乗ってくれるような案（プラン）を持っていけば、農家と利用者の協働で市民農園を開設することができます。

限せず、のんびり長く続けることができる、入園利用方式の市民農園だからこそです。しかも利用者組織のある市民農園では、市民農園を順調に運営するため、多くの利用者がなんらかの役割を担って協力して作業にあたります。その中で生まれる連帯感、仲間意識は、市民農園の楽しさを何倍にもしてくれます。ここまでくると、市民農園は利用者にとってたいへん楽しい生活の一部になり、園主である農家にとっては、安心して見ていられる農園になってきます。

規約づくりが良好な関係維持のポイント

利用者組織をつくり、利用者を組織化し開設者として安心して余裕のある（楽な）運営管理をしていくためには、常にお互いの関係を確認し合っておくことが必要でしょう。といっても、市民農園の利用はリラックスして楽しく行なわれることが大事です。確認し合うのは開設者と利用者組織の代表者となります。

利用者組織の幹事の会合

利用者組織は安定した組織運営を行なえるように市民農園利用の規約をつくっておきます。また、開設者と利用者の間でも、お互いの関係や農園利用の原則（ルール）を決めておきます。場合によっては数年単位（たとえば五年ごと）の覚書を交わしておくのもよいでしょう。この中で、利用期間は一年未満で、利用者には農地法上の権利は生じないこと（貸付けではなく、開設者の指定する区画に入園して利用すること）、利用の申込みと承認は開設者と利用者の間で行なわれるが、利用者間の調整は利用者組織が責任を持って行なうこと、利用にあたっては市民農園としての基本的な事柄を守っていくことなど、トラブルを発生させない取り決めをつくり、スムーズな利活用に必要なことを決めておきます（詳しくは第２章を参照）。

7 「入園利用方式」市民農園の収入は？

萩台市民農園の利用料

入園利用方式の市民農園は、農業・農家経営の一形態として生まれ活用されてきました。収入の程度は、有料入園をさせる観光農業と同じくらいと考えてよいでしょう。

たとえば、千葉市にある萩台市民農園の場合、一九九三年に現行の入園料を設けるとき、当時の周辺の水稲の一〇aあたり平均所得一〇万円を基準にしました。萩台市民農園は、約六〇aの農地に一区画三〇㎡を約一〇〇区画と通路や共用施設用地（小広場、花壇、休憩場所、ビニールハウス、駐輪場）を設けました。六〇aの面積分の農家所得として六〇万円、その他に一五万円の施設整備費と一五万円の園内管理運営費を出せるように、総額九〇万円を利用者から徴収することにしました。すなわち九〇万円を一〇〇で割った一区画九〇〇〇円の入園利用料を設定したのです。

この入園利用料は㎡あたり三〇〇円となり、当時の市民農園利用料の平均値（三〇〇〜四〇〇円）を少し下回る程度でした。その後、目安としたお米の価格が低迷したこともあり、園主は入園利用料を据え置いたままで現在に至っています。

施設整備費は手づくりできるかどうかで変わる

しかし、最近の利用料は地域や形態などで多様化し、日常型（都市型）の市民農園では平均が㎡あたり五〇〇円前後となっています。この金額で開設したときの収入を考えてみましょう。

萩台市民農園程度の整備内容（一区画三〇㎡、園内通路一m幅、共用空間も確保して、全面積に対する区画面積の割合が五〇％程度の農園）で全体面積一haの市民農園をつくると、一六五〜一七〇区画の農園を造成することができます。一区画の入園利用料は五〇〇×三〇＝一万五〇〇〇円になりますから、収入総額は二四七万五〇〇〇～二五五万円となります。萩台市民農園と同じように施設整備費と運営管理費の合計（経営費）を、利用料の三三％程度（八一万七〇〇〇～八四万一〇〇〇円）振り向けたとすると、農家の所得は一haで一六五万八〇〇〇～一七〇万九〇〇〇円程度になります。

ただし、萩台市民農園の場合は、しっかりした利用者組織があり、施設備品の整備には手づくりによる効率的な経営費支出を行なっているので、先にあげたような整備費・運営費ですんでいます。利用者組織がなかったり、利用者の支援がなく、農家がすべてをこなさなければならなくなると、区画を分ける杭打ちやヒモ張り、付帯施設の整備を一人で行なうことになり、日常の管理見回り、資材購入、作業および一人でできない分の補助労働の雇用などが必要になり、この程度の経営費ではすまないでしょう。

設置場所でも利用料の基準は変わる

また、入園利用方式の場合は、その市民農園と利用者の住居との距離と環境によって需要が変わり、設定できる利用料金水準も変わってきます。市民農園の近くに市街地が大きく広がれば広がるほど利用希望者は増え、とくにマンションや住宅団地などの集合住宅が多ければ多いほど需要は大きくなり、利用料金の水準は高く設定できます。その反面、市街地から離れれば離れるほど需要は低くなり、入園利用料を低くするか、駐車場やクラブハウスなどの農園施設の整備水準を高めるなどの工夫が必要になります。

他の方式の利用料と収入は

なお、特定農地貸付方式の場合は現在では誰でもが開設できる方式になりましたが、市町村や農業協同組合が開設する場合は公共的な色彩が高くなり、料金は低めに設定されます。都市部では、農地を無償で提供することを条件として、固定資産税や都市計画税を減免しているところも多くあります。NPO法人の場合も、理念を持った活動の中で設定されるので、市町村の場合のレベルに近いと考えられます。それに対して会社などの場合は、営利的な要素が入るため高めの水準となるでしょう。これらの場合は、市民農園用地所有者である農家は、開設者に貸し付ける地代としての収入にとどまります。

また、滞在型市民農園の場合は、宿泊可能の小屋を持った一区画三〇〇㎡程度の区画（二〇〜五〇区画）と駐車場やクラブハウスなどから成ります。区画内の小屋やクラブハウスなどを建てるところから、市民農園整備促進法の適用を受け、区画の利用は特定農地貸付方式を採用します。区画内に建てられる小屋の建築費は一棟八〇〇万円といわれており、造成費は大きな金額になります。最近のC県の例では、二〇区画規模の農園造成費に二億円がかかり、国の補助事業で五〇％の助成を受けています。一区画の年間利用料は四〇万円で、共益費が一年で四万八〇〇〇円必要になります。このタイプの場合は非常に大きな造成資金が必要であり、補助金を導入する場合は法人格が必要になるので、個々の農家では対応できないでしょう。

体験農園は、一区画三〇㎡あたり、三万円程度の利用料を定めているところが多いようです。

いずれにしても、入園利用方式の単位面積あたりの所得は、決して高いとはいえません。萩台市民農園程度の利用料で、所得をそれなりに得て、市民農園を円滑に運営するためには、利用者の全面的な協力が欠かせないこともおわかりになったと思います。

しかし、農地を荒らすことなく、時間的にも余裕を持って管理でき、市民と密接に交流できてお互いに理解を深めることができ、農業の多面的な機能を活かして豊かな時間を市民に提供する社会的貢献ができるという、入園利用方式の大きな長所は無視できません。農地の一部を市民農園にして生まれた時間的ゆとりを活かし、単位面積あたりの所得をあげられる農業を並行していくことを、多くの農家が行なっています。

市民農園専業は成り立つか

利用したい人が十分にいれば市民農園は成り立っていきます。それで、しばしば「どの程度の規模の市民農園を開設すれば専業でやれますか？」という質問を受けることがあります。収入は、前項で述べたような条件では、一〇ａあたりで一五万～二五万円程度の収入を得ることができます。ある市のように、三〇㎡区画で三万円の料金に設定しているところでは、一〇ａあたり五〇万円以上の収入が期待できます。所得では、一〇ａあたり一〇万～一五万円程度、三万円設定の場合は三〇万円以上になります。このことから、単純に一〇〇〇万円の収入（所得で六六〇万円）を市民農園経営で得ようとすると、七～四haが必要であり、一区画三万円の場合であれば二ha程度ですみます。しかし、前者の場合、区画は一一一〇～六七〇も用意しなければなりません。三万円区画でも、三三〇区画ぐらい必要になります。

仮に三三〇区画つくったとしても、これだけの規模を一人の農家で運営管理することは不可能でしょう。また、利用者を集めることもそれらの人々と接していくこともたいへんなことです。利用者の数は、利用者組織をつくったとしても一五〇～二〇〇人程度が限界でしょう。

一方、ある市民農園の区画がすべて利用されている状態にするためには、その市民農園が存在する地域にどのくらいの住民世帯がなければならないかを考えてみましょう。これを明確に示す根拠はありませんが、千草台園芸サークルが市民農園の利用者を二一〇〇戸の千草台団地の住民世帯に限定して会員募集を行なったとき、それに応募した世帯の数は最大のときで二〇八戸でした。また、最近、我孫子市の八〇〇世帯のマンションでその敷地内に菜園をつくり、その菜園の利用会員を募集したところ、八〇世帯が応募してきました。この二つの事例から想定すると、地域住民の一割程度が市民農園の潜在的利用希望者ということになります。これをベースに考えるとすると先ほど想定した一〇〇〇～七〇〇〇区画の農園にとっては一万～七〇〇〇世帯以上の市民世帯が必要になります。これは、相当の大都市人口集中地域でないと見込めません。

このように、具体的に入園利用料・貸付料から見ると、一〇ａあたりの所得を一〇万～一五万円程度見込むことは可能であるが市民農園のみの収入に依存するような大規模な市民農園を開設することは、非常に大勢の利用者を集めなければならない上に手間もかかるので、個人の農家が取り組むことは難しいでしょう。

市民農園を開設する農家が、それを自らの経営にしていくには、専業的な農家の場合には、手間がかかる一般的な農業経営部門（野菜部門、果樹部門など）に対して、省力的な市民農園経営部門として管理しやすい規模に抑えて開設するのがよいでしょう。この場合は利用者を組織化して、その代表者と一：一の関係でよいパートナー関係を結び、利用者の積極的な協力を得られるようにしましょう。

兼業農家の場合は、兼業先の休日の日に運営管理する市民農園として開設することとし、この場合にもよいパートナー関係を維持できる利用者組織をつくり、平日の管理ではとくに利用者組織の積極的な協力を得ておきます。

第2章

農家と市民の市民農園開設法

本章では、入園利用方式の市民農園の開設方法を説明します。入園利用方式は、それぞれの農家による、また農家と利用者との協力による手づくりの農園です。ひとつとして同じ農園はありません。そこで本書では、私たちが農家とともに開設した萩台市民農園の事例をもとに、なるべく読者の方が応用できるようにそのポイントを説明します。

1 農園づくりの費用はどれくらい？

まず、開設の相談を受けたときによく聞かれる開設費用について考えてみましょう。この費用は結論から先にいうと、絞られた答えはありません。開設者の取り組み方で変わってくるからです。

もっとも少ない費用で開設する場合は、分区の四隅を決める杭と、区画の境を示すシュロヒモと、区画・通路などを測る大きな巻尺と杭を打ち込む木槌さえあればできます。それに加えて簡易トイレは最初に設置しておきたい施設です。

たとえば、具合よくほぼ長方形の三〇a（三〇〇〇㎡）程度の農地があり、区画の辺が五m×六mの三〇㎡区画を五〇つくり、四区画を田の字型に配置し、周囲を縦横に一m幅の通路をつくることにします。農園の外周には隣接する畑や道路との間に緩衝スペースをつくることにします。また、一方の端から区画を配置していき、残ったスペースに簡易トイ

表5　発想から開設までの流れ

市民農園開設を発想
↓
つくりたい場所の立地条件を確認（69ページ）
↓
パートナーをさがす（73ページ）
↓
農園の大枠の設計（74ページ）
↓
農園を造成する（85ページ）
↓
利用者組織をつくる（88ページ）
↓
利用者の募集（89ページ）
↓
“利用規則”をつくる（90ページ）
利用料の設定（92ページ）
「入園利用契約書」を結ぶ（94ページ）
↓
開　園

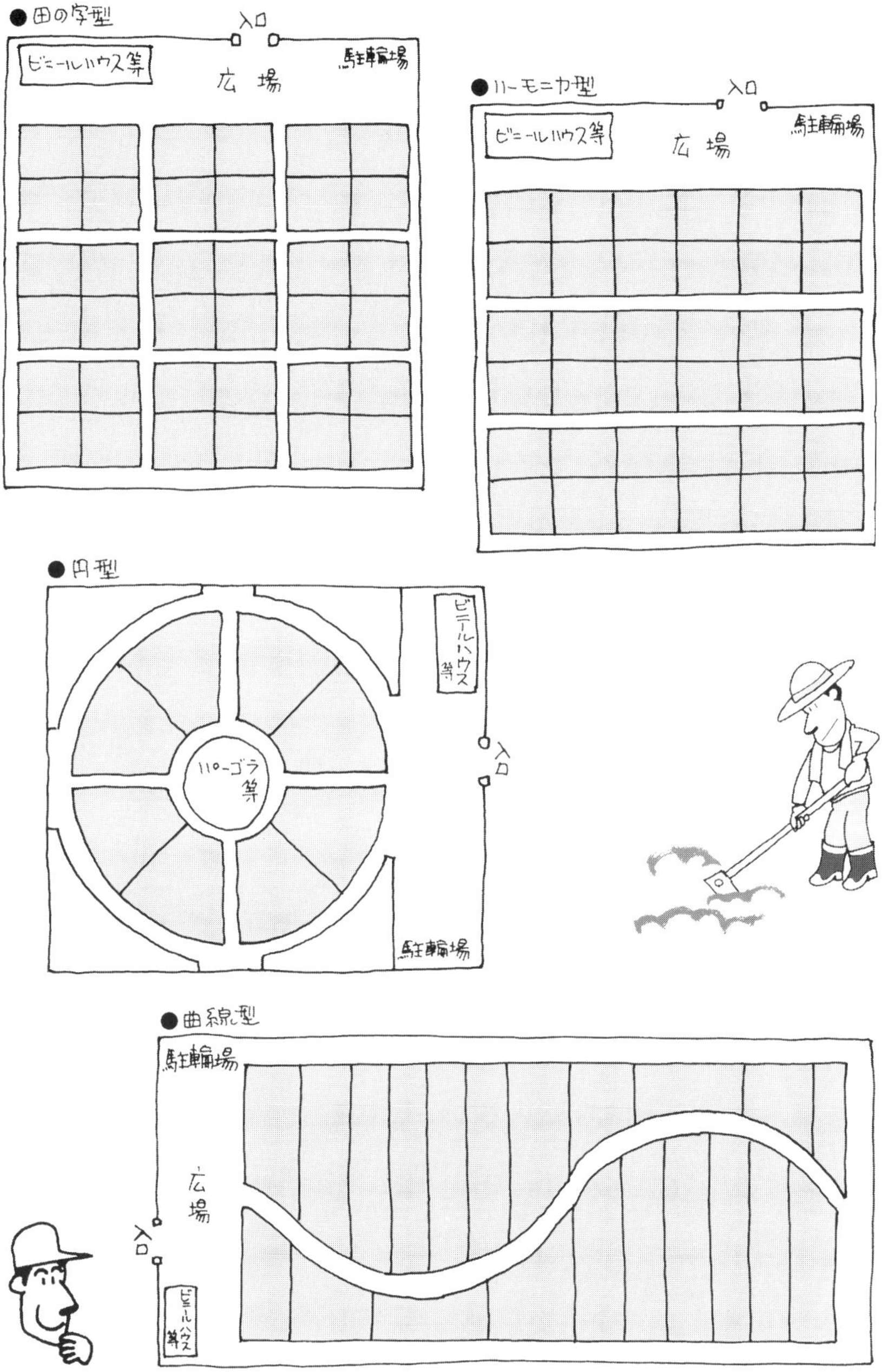
●田の字型
入口
ビニールハウス等
駐輪場
広場
●ハーモニカ型
入口
ビニールハウス等
駐輪場
広場
●円型
ビニールハウス等
入口
パーゴラ等
駐輪場
●曲線型
駐輪場
広場
入口
ビニールハウス等

区画割りのパターン例

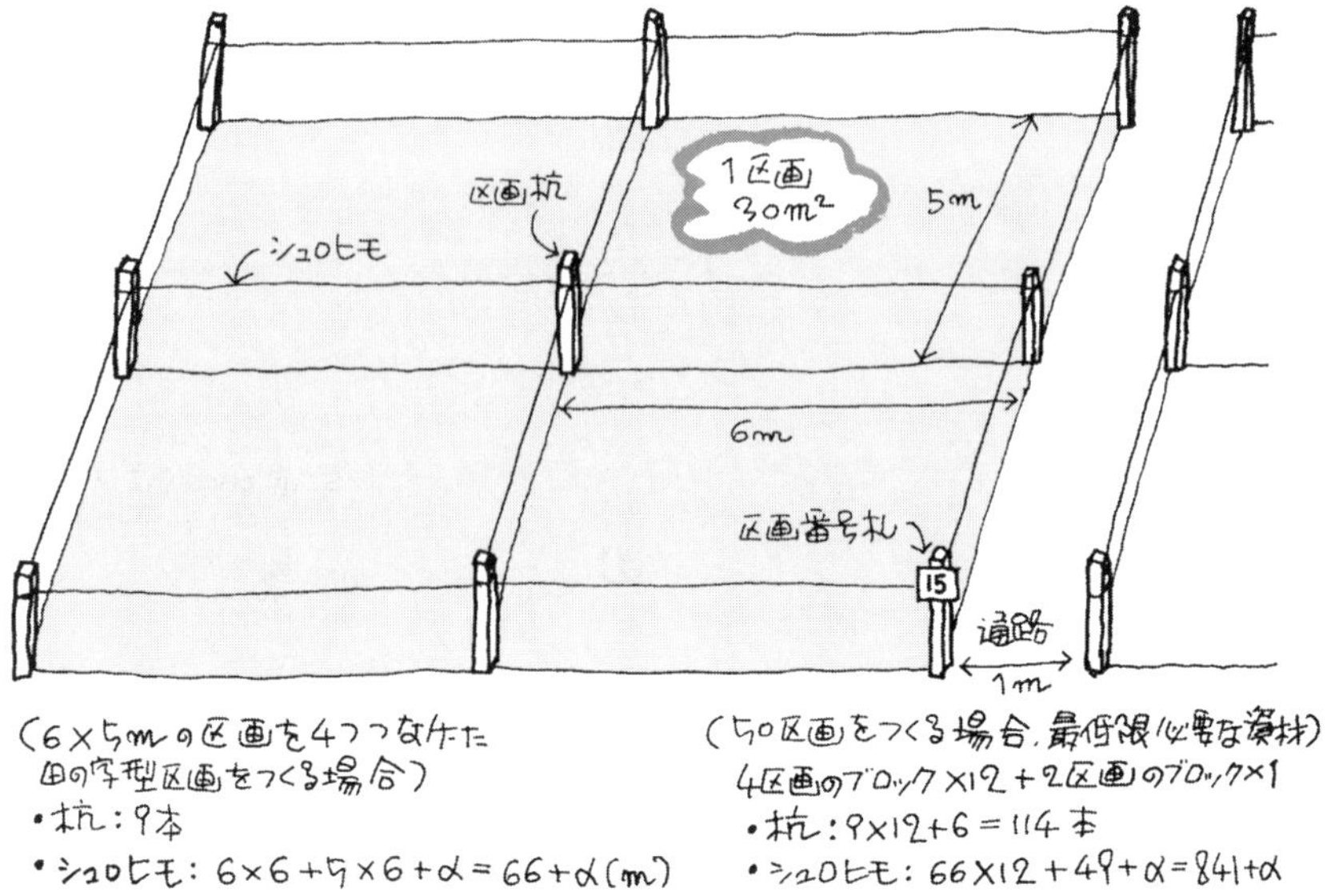

田の字型区画割りに必要な資材の計算法

ミニ解説7

農地に建てられる施設

農作業に必要と認められる施設なら、二〇〇㎡を上限として転用をせず建てられる。ただし、農業委員会への届出が必要な場合もある。プレハブを建てる場合は宅地へ転用する手続きが必要。

レを置き、その他の施設を設置したり、行事を行なうスペースにします。このようにした場合に必要な資材などは長さ九〇cmの杭を一三〇～一五〇本（分区隅だけなら一一四本）、シュロヒモを一〇〇〇～一一〇〇m（分区境：八六〇m、その他農園周りなど）、木槌一～二本、巻尺一個、簡易トイレ一基になります。この中でもっとも高価なのは簡易トイレで二〇～二五万円程度かかりますが、その他の費用は合計でも一〇万円以内に納まるでしょう。

なお、農地には農作業に必要と認められる範囲内の施設しか建てられないので、休憩所はテント的なものを利用したり簡易なビニールハウスを建てるくらいしかできません。しかしそれでかえって、施設にかける経費が少なくなります。萩台市民農園では、クラブハウスにビニールハウスを改造したものを使っていますが、骨組みも廃材を使っているのでたいへん少ない費用ですみました。本格的な基礎が必要な施設を建てるには、その場所を宅地に転用する必要があります。転用の必要のない程度のものを活用する工夫が必要です。区画以外の施設の整備は、開設後に年次計画で順次進めていくようなことを考えるのも必要でしょう。

2 つくりたい場所の立地条件を確認

市民農園を開設することになったら、まず、その市民農園をつくりたい場所もほぼ決まっていると思われるので、その立地条件を確認します。立地条件はこれから農園を設計する上で大事なポイントになります。経営耕地が大きい農家の場合は、これから説明する立地条件の中で、もっとも条件のよい農地を市民農園としたほうがよいでしょう。

住宅地と市民農園の距離

最初に確認することは、開設予定地と近隣市民（利用予定者）の居住区域との距離です。これで、駐車場や駐輪場の規模、どんな付帯施設を整備するかがわかってきます。距離によっては利用者の見込み数も変わってきます。

利用者の立場からすれば、毎日、徒歩か自転車で通えるような農園がもっともよい農園になります。開設する側にとってもこのほうが利用者とコミュニケーションを図りやすく駐車場も必要なくなり、駐輪場ですむので、より多くの区画をつくれます。開設予定地の近くにマンションなどの大きな集合住宅があったり大きな市街地が広がっていれば、利用者集めも容易になります。また、開設後は生活圏の中での利用になりますから、整備しなければならない施設は、トイレと水場、駐輪場などの簡易なもので間に合います。

開設予定地が利用予定者の居住地から離れるほど、その距離に応じて市民農園に整備していく付帯施設も増え、土曜・日曜日や休日利用がメインとなります。利用者の居住地から離れるほど自動車利用の比重が高まるので、駐車場も広く確保する必要が

市街化区域内の市民農園

あります。遠方からやってくる通園者にはゆっくり休憩する場所も必要ですし、帰りに手を洗う施設も求められます。

都市から離れた農村や山村といわれるような場所につくり、都市からの利用者を想定する場合、通園に多くの時間がかかるので、週末泊りがけで出かけるか、バカンス気分で利用するようになります。このような場合は、宿泊できる小屋がついた滞在型市民農園を考えなければなりません。このタイプは農園区画の中に小屋をつくるのが一般的であり、多額の資金が必要になるため農家個人でつくるのは難しいでしょう。滞在型市民農園にするのであれば、市民農園整備促進法の適用を受け、特定農地貸付方式を採用し、市町村などに任せるのがよいでしょう。ただし、開設予定農地に隣接して小屋を建てられる雑種地や林地がある場合は、入園利用方式で区画を整備し、採算の合う範囲で隣接地に小屋づくりをするのもおもしろいでしょう。

地形を確認

開設予定地の地形を確認しておくことも重要です。不整形な農地よりは整形された農地のほうが区画がつくりやすく、傾斜のあるところよりは平坦な土地のほうが作業がより単純ですみます。しかし、開設予定地は常に平坦とは限りません。静岡のヒラオカ楽農園はミカン山につくられましたので、農園エリア全体を見渡したとき、かなりの傾斜を感じます。しかし、等高線に合わせ、区画ごとに段差をつけたり、施設整備に段差を活用したり、工夫を凝らしています。傾斜のある土地の場合、そのままだと土が流出するおそれもあるので、棚田のように段差をつくって区画内は水平にし、作業しやすい区画になるよう整備することが望まれます。

傾斜を活かしたストックホルムの市民農園

　ストックホルム（スウェーデン）では、湖と台地の市街地に挟まれた斜面に数カ所の市民農園が設置され、すばらしい風景をつくっていました。平坦地から変化にとんだ斜面まで市民農園は開設が可能で、それを活かした個性ある市民農園をつくるのも楽しいものです。

　また、農地の形状は、常に正方形や長方形とは限りません。台形やL字形であることもあります。他の農家との境界が曲線であったりすることもある

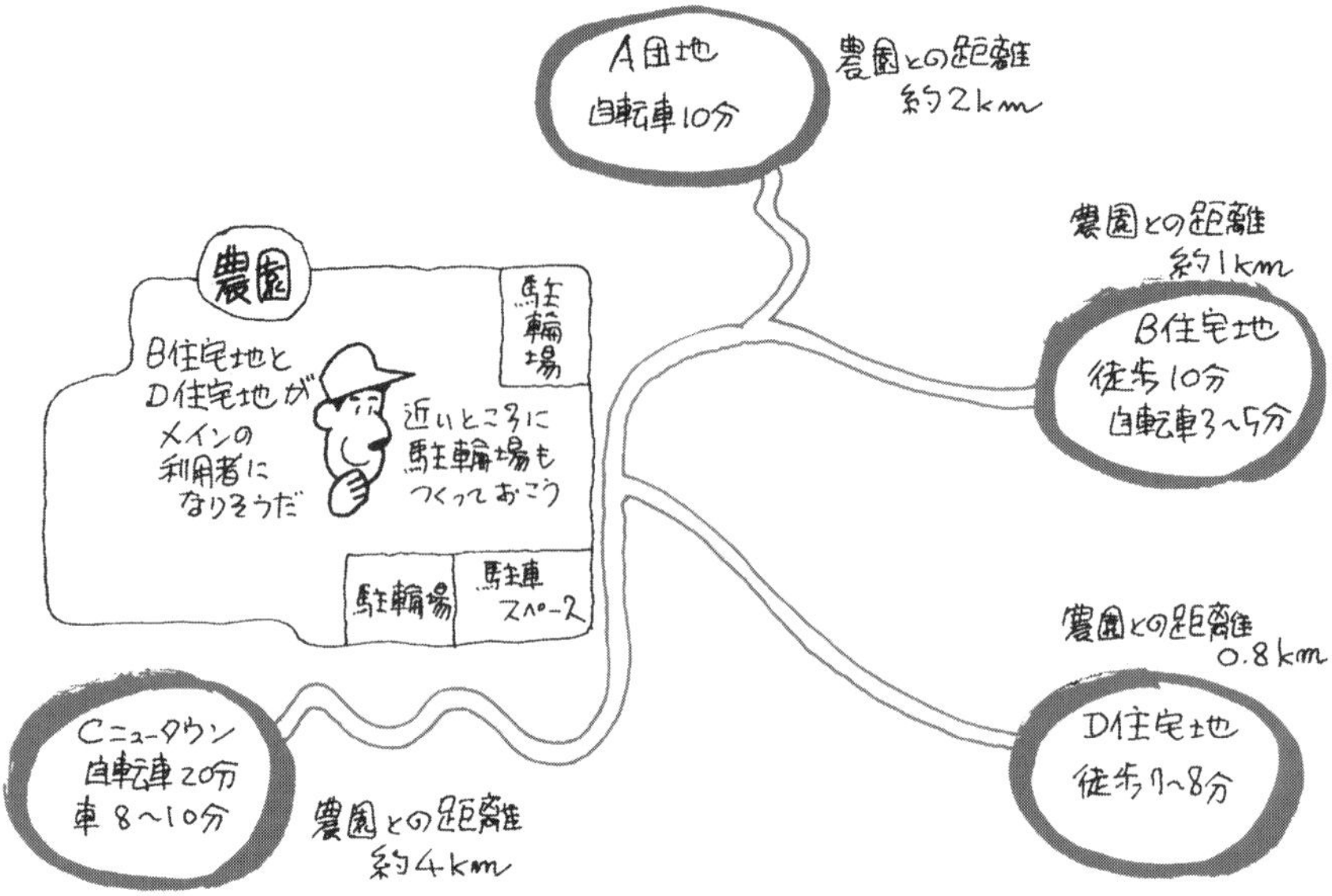

通園コースを調べておこう

でしょう。このような土地の場合、なんとなく区画割りをしてしまうと、無駄な土地や不整形区画ができてしまい、ひいては区画数が少なくなって経営的にもマイナスになります。不整形な農地ではとくに、正規の区画面積の割合を高めるために、効率的に設計していかなければなりません。

そのためには、あらかじめ農地の形状を確認し、後述する方法で、もっとも農地を効率よく使えるように区画割りの基準線、基準点を決めておきます（86ページ参照）。とくに、測量器械を使わずに自分で区画割りを行なっていく場合は、作業を開始するときに、直角に交わる二本の基準線と基準点を決めておくことが、正確な区画割りに欠かせません。

おもな通園コースを調べておく

開設後に利用者が通ってくるアクセスも確認しておきましょう。農園の周辺の道路状況、利用予定者の居住地との距離、予想される通園コースと通園手段を確認（想定）し、駐車場を設けるか否か、設ける場合の大きさ、駐輪場の大きさを考え、農園入り口の位置や駐車・駐輪場は、敷地内でも通園コースの近くに定めます。

3 パートナーをさがす

利用予定者の協力でスムーズに開園

市民農園は、農家がその気になれば一人でも開設することができますが、先述した通り、とくに入園利用方式の市民農園は、農家一人でやると運営がかなり煩雑でたいへんです。早い時点で利用者のコアになる人物にパートナー（協力者）になってもらい、利用者組織の下地を一緒につくってもらったほうが、スムーズに開園までたどりつけます。

開設農家のパートナーになれる人はいろいろです。イモ掘りやイチゴ摘みとりなどの観光農業をしている農家、近所の住民に野菜などの庭先販売をしている農家などは、顔見知りのお客さんの中に市民農園を利用してみたい人やその友人に市民農園に取り組みたい人がいるものです。都市部の農家であれば、畑に出て作業していると散歩に来て声をかけてくる近所の住民がいたりします。このような農業に関心のある人、ある程度信頼できる人柄の人に声をかけて、市民農園開設・利用のパートナーとなってくれないか相談してみましょう。市町村や農業協同組合の職員に相談をしてアドバイザーになってもらいながらパートナー探しをするのもよいでしょう。

近所の市民にパートナーになってもらうと心強い

コラム5 市民が農家に市民農園を提案する場合

市民農園の利用を望む人の側から市民農園をぜひつくりたいと考え、開設を実現していくためには、利用予定者側から、協力してくれる農家を探すことになります。この場合は、利用者が農家に安心してもらえる市民農園開設プランをつくり農家探しに入ります。しかし、何らかの接点がないと農家にアプローチするのは難しいかもしれません。この場合は、市町村や農業協同組合、園芸店などに相談するとよいでしょう。そのエリア近くに市民農園コーディネーターがいれば、アドバイザーとして活用できます（140ページ参照）。

また、日本市民農園連合やそれぞれの地域の市民農園協会に相談して〝市民農園コーディネーター〟を当分のパートナーにするのも一つです（日本市民農園連合の連絡先は141ページを参照）。これらの方法で見つからない場合は、利用予定者の居住区域に市民農園の開設予告と〝市民農園づくりへの参加〟を呼びかけるビラを配ったりミニコミ誌を使って呼びかけ、小人数の協力メンバーを集め、パートナーグループをつくります。

パートナーができれば、市民農園計画を立てたり、造成したり、運営の仕組みやルールをつくったりするのに、利用者の気持ちを反映することができ、利用のルール・モラルを浸透させていくのにたいへん効果があります。このパートナーグループにトップリーダーを選んでもらい、利用者の代表と開設者がおもにやりとりする一対一の関係の下地をつくります。また、開園とともに利用者組織もスタートさせ、パートナーグループに役員になってもらいます。

4 農園の大枠の設計

市民農園の設計は、特定農地貸付方式の場合には法定の手続きが必要なので、外部に出せる書式的にも整った内容のものをつくりますが、入園利用方式の場合はどこにも提出する必要（義務）がないので、自分たちが使いやすい、わかりやすい、つくりやすいものでよいことになります。

設計をする際には、ぜひパートナーと一緒に作業をすすめたいものです。利用者にとって使いやすい農園づくりは、やはり利用者の希望や意見を重視してつくることが一番の近道です。私も萩台市民農園の区画造成の際はパートナーとして園主の農家と協力して行ないましたが、造成は当然一人でできる作業ではありません。計画づくりから参加できれば、パートナーたちも積極的に造成作業を手伝ってくれます。

区画造成計画の内容は、農園の全体像、外回りの整備、分区（区割り）の大きさと通路幅、分区と通路と共有スペースの配置、共有スペースに設置する共同利用施設の種類と配置場所などです。これらのうちのいくつかを具体的に考えてみましょう。

一区画あたりの面積の目安は?

区画の大きさは、一般に都市型の市民農園は一区画三〇㎡、滞在型の場合は三〇〇㎡とされています。都市型は、誕生当初は五坪農園の考え方でしたが、普及とともに五坪ではもの足りなくなりその倍の一〇坪のウエイトが高まり、メートル法で造成しやすく一〇坪に近い区画として三〇㎡とするものが多くなりました。また、夏の時期が高温多湿なわが国では、雑草の生育が早く繁茂力が強いため、あまり面積が広いと雑草とのたたかいとなり、負担が大きくなります。市民農園は週末のみの利用が多く、ときには通えない週も出てきます。こうした事情も考えて、無理なく楽しめる大きさとして三〇㎡程度の区画がちょうどよいと思われます。

また、夏が涼しく雑草の勢いがやや弱い、冬の積雪期がある北海道などでは、一〇〇㎡区画が多いようです。一方、滞在型は、ドイツのクラインガルテンをモデルとして区画内に小屋を付帯設置するようにしたため、大きさもドイツの標準区画面積である三〇〇㎡としているところが多いです。

通路幅は広いほうが管理しやすい

通路幅は一mほどが適当でしょう。これだけあれば、肥料運搬などの二輪車・一輪車を通せますし、区画も通路もm単位に揃えたほうが造成も管理も容易になります。北海道のように、一区画の大きさが一〇〇㎡と農園面積が大きい場合は、肥料の運搬などのために自家用車を乗り入れたりできるように通路をもっと広くしたほうがよいでしょう。

通路は一輪車が楽に通れる1mほどの幅があったほうがよい

どんな設備（付帯施設）が必要？

次に、どんな付帯施設（共同利用設備）が必要かということになります。市民農園には区画と通路、農園入り口とそれに続く空きスペースは最小限度不可欠なものですので、それ以外のおもなものについて考えます。千葉市の千草台園芸サークルが、萩台市民農園の利用者に対して意向調査を実施しているので、その結果を参考に表6にまとめておきました。

①水道や井戸

アンケートの回答では水場を必要とするものがもっとも多くありました。この施設をどうしていくかは、利用者にとって大きな関心事なので、最初に設置していくのか数年後に設置していくのか、設計の中ではっきりさせておいたほうがよいでしょう。

水の確保は重要です。市民農園での作業が終わったあと、そのまま帰るにしても、農園でお弁当を食べるにしても、手を洗いたいですね。トイレがあれば、やはり、手を洗えるようにしたいですね。さら

表6　市民農園付帯施設に対する市民農園利用者の意向

（千草台園芸サークル調査2006年調査より）

（各施設について，利用者がぜひ必要と考えるものを2，あったほうがよいものを1，どちらでもよいものを0，ないほうがよいものを－1，あったら困るものを－2として回答してもらい，その回答の平均値を出したものです）

付帯施設	評価平均値	利用者の大まかな意向
水場（井戸・水道）	1.81	必要意見が大半を占めた
トイレ	1.73	必要意見が多く，あったほうがよいも目立った
駐輪場	1.33	必要意見よりあったほうがよいとの意見が強い
掲示板	1.20	あったほうがよいと必要の意見が多かった
クラブハウス	1.00	あったほうがよい・必要・どちらでもに分かれた
道具と道具置き場	0.89	あったほうがよいとの意見が多かった
外縁部の花壇	0.79	あったほうがよいの意見が目立った
駐車場	0.59	あったほうがよいとどちらでもよいの意見が多い
堆肥場	0.58	あったほうがよいからないほうがよいまで分かれた
ゴミ置き場	0.27	あったほうかよいからないほうがよいまで分かれた

に欲をいえば、雨の降らない年は水をかけたいし、せめて種をまいてから発芽し初期生育の段階が過ぎるまでは、枯れないように水やりをしたいものです。

しかし、水の確保は市民農園施設の中ではもっと

萩台市民農園は敷地内に井戸水を利用した水道が6カ所ある

も費用のかかるものです。市民農園の開設場所が開設農家の屋敷に隣接していれば、農家の家庭用の水を使うこともできますが、一般には、農園の近くまで上水道の配管が来ていればそれを活用するか、井戸を掘ることになります。

千葉市萩台市民農園の場合は、配管が来ていないため水道を引くことができなかったので、当初はポリタンクに水を入れて自宅から運んでいました。その作業はたいへんなので、トイレの手洗いに雨水を貯めてろ過して使ったこともありましたが、やはり何とかしなければという声が非常に強くなりました。そこで、利用者組織「千草台園芸サークル」の数人の幹事が千草台園芸サークルに井戸掘りの費用を無利子で貸し、井戸を掘り、貸したお金は五年ぐらいかけて施設整備費の中から返してもらいました。これも、長く利用できる入園利用方式の市民農園であり、園主と利用者団体が非常によい関係だからできたことです。農家は多額の投資をしないですみました。

えにわ市民農園の簡易トイレ

②トイレ

利用者が市民農園にいる時間は一般に一時間を超え、半日あるいは一日過ごすことも多くあります。このように長時間過ごす場所になりますと、当然、生理的要求が出てきます。トイレがないために我慢をするということになると、健康にとって決してよいものではありません。市民農園の利用目的の一つは、健康なアウトドア活動です。そのためにトイレはできる限り早い時点で設置していきたい施設です。農地でも簡易トイレであれば問題なく設置できます。初期費用は二〇〜三〇万円程度です。

③駐輪場と駐車場

市民農園に通ってきたときに、通園手段を置いておく場所です。日常的に利用される市民農園では利用者は自転車か徒歩で通ってくるので、駐輪場は必要ですが、駐車場は必ずしも必要ではありません。一方、自動車通園が中心の場合は、それほど広い駐輪場は必要ありません。

駐車場は、その農園と利用者の居住区域との関係を考えて、利用者数に対する自動車通園する利用者の割合を決めて設計します。自転車通園がメインの農園では、荷物の積み下ろしや特別の事態に対応するために数台駐車できるスペースがあれば十分です。ただ、注意したいのは、路上駐車の取締まりが非常に厳しくなっていることです。たとえ都市地域の農園でも、利用者の状況や道路事情を考慮して駐車スペースを確保しておいたほうがよいでしょう。萩台市民農園は、区画数約一一七に対して約三〇㎡の駐輪場が二カ所あり、農園入り口には駐車スペースが約二台分あります。七七%の利用者が自宅から歩いて三〇分以内という萩台市民農園でも、アンケート調査ではほぼ全員が駐輪場はあったほうがよい、あるいはぜひ必要と答えています。駐車場は過半数の人があってもなくてもよいと答える一方で、あったほうがよいと答えた人も多くありました。

④掲示板

これは、園主あるいは利用者組織と個々の利用者をつなぐ施設ですので、必要不可欠のものです。注意事項、連絡事項の掲示をしたり、イベントなどの参加を呼びかけるポスターを貼ったりします。設置費用もあまりかからず日曜大工的につくれますから、造成段階あたりから設置し、オープンの予告や利用者（会員）募集を掲示するのもよいでしょう。

萩台市民農園の利用者のアンケート調査では、「あったほうがよい」から「必要」という方が多くいました。

⑤クラブハウス（ビニールハウス）

市民農園の設計は、開設後の運営のしやすさを考えた内容にします。そのためには、利用者が農園管

ミニ解説8　農地の転用の問題

農地法によって、農地では農作業に必要な簡易な施設以外の建築物を建てることが禁じられている。農地に隣接して建築物を建てたい場合は、その場所を宅地等に転換（転用）する申請が必要。

ミニ解説9　建築基準法の問題

建築基準法および同法施行令等では、建築物の最低基準が定められている。建築物を建てる場合、その建築計画が定められた基準を満たしているか否か、着工前に建築確認の申請を出して審査を受けなければならない。

理の相談（会合など）をしたり、イベントを行なったり、ちょっと休憩したり、お昼を食べたりする、利用者が快適な農園生活を送っていくための施設が必要になります。

滞在型市民農園や市などが開設者になる市民農園では投資が可能なので、立派な建物のクラブハウスがつくられます。しかし、正規の建物施設を建てるとなると、農地を転用しなければならず、さらに建築基準法によって定められた基準を満たす必要があり、多額の建設費の負担も必要になります。しかし、この施設で行なわれることは農作業の間の休憩や農園利用をスムーズに行なう相談や簡易なイベントなので、農家の開設する農園なら、ちょっと集まれて

萩台市民農園のクラブハウス

雨や夏の強い日差しを避けられるといった程度のもので十分です。

たとえば、萩台市民農園では苗を育てたり草花や観葉植物の冬場をしのぐために、ビニールハウスをつくり、その一角をクラブハウス代わりに使っています。他に、畑の脇の農家の農具小屋や作業舎を使う方法もあります。農園に隣接した雑種地などがあれば、そこに三坪以下の建築基準法に該当しない程度の簡易な小屋をつくるのも一つのアイデアです。これらは、利用者組織がその人材を使って、使い勝手のよい施設としてつくりますが、できた後は市民農園付帯施設として農家に帰属します。

萩台市民農園の道具置き場

⑥道具置き場と備え付け道具

市民農園の造成や補修のための道具を保管したり、共用の農具、イベントの用具を置くための場所として、できれば造成の段階から欲しい施設が道具置き場です。ただし、一般利用者は直接利用するものでないだけに、その必要性をあまり意識しません。

共用の備え付け道具は、農園を管理・維持する道具類（木槌、ノコギリ、スコップ、クワ、カマ、巻尺、その他工具類、塗装道具）、農園活動を運営するための道具類（食器、調理器、工具類、グランドシート他）に分けることができます。このうち、管理・維持用具はスタート時点から必要なものです。農園活動の運営道具は、農園が動き始めてから順次整えていくことが望ましいでしょう。

共用の農具は、農園管理用を除くと本来は必要ありません。しかし、利用者が別の外出のついでに来園したときや区画の隅に置いておいた農具が破損や紛失したときにも作業できるように、誰でもが利用できる何組かの農具を用意しておくとよいでしょう。利用者の多くは、鍬やスコップ、バケツの設置を望んでいます。移植ゴテやカマなどは利用者は求めませんが、共用スペースの花壇づくりや除草用などで必要になります。ホーク、レーキ、ホー、熊手、竹ぼうきなどは、あれば共同管理スペースで使いますので余裕が出てきたら整備します。

⑦外縁部の花壇

これは萩台市民農園独特のものですが、場所によっては設けたほうがよいでしょう。萩台市民農園は、道路に面した敷地を帯状に花壇にしています。これは、美しい景観を地域に提供するためもありますが、それだけではありません。萩台市民農園の目の前の道路は急なカーブになっており、過去にいくたびもスピードの出すぎた車がカーブを曲がりきれずに農園に突っ込んでくる事件がありました。花壇はそのようなときに、農園利用者と畑を守る緩衝地帯としての役割も果たしてきたのです。また隣接する他の農家の農地との境界にも、景観維持と緩衝地帯を兼ねて花壇を設けています。花壇は、利用者の中から希望する人に一定区画ずつ割り当てて自主的に管理してもらっています。

⑧駐車場

③79ページを参照。

⑨堆肥場

栽培中で出てくる野菜くずをどうするかが大きな問題になります。多くの市民農園では、野菜とゴミを一緒に設置したゴミ捨て場に集め、可燃ゴミとしてゴミ収集に出しています。また、農園の一角に堆肥場をつくり、野菜くずをそこに積み込んでいる例も多くあります。

市民農園の野菜くずは意外に多いものです。これをゴミとして出してしまうのは、市民農園開設・推進の側からすれば、不本意なことでしょう。市民農園だからこそ、これは畑の中の循環につなげるのが望ましいことです。堆肥場はぜひ設置したい施設です。市区町村に助成制度があれば、活用を検討します。

萩台市民農園の堆肥置き場。景観への配慮のため扉つきの小屋にしている

この施設の必要度は、萩台市民農園の利用者アンケートによると、必要と不必要に意見が分かれ、平均的には「あったほうがよい」と「どちらでもよい」の中間ぐらいに集約されました。多くの人は野菜くず堆肥化の大切さを理解しているようです。しかし一部の人たちが野菜くずと一緒に支柱のかけら・マルチの被覆材・結束の紐・種子袋・ビニールポットなど、微生物に分解されないものを捨てるため、堆肥場がゴミ捨て場になる危険もあります。この施設を設ける場合は利用者組織をつくり、厳しい管理をしていくような計画が望ましいでしょう。

⑩ゴミ置き場

公共的な施設では、ゴミを持ち帰ることがルールの時代です。市民農園もその利用形態や施設の持つ意味や役割からすれば、公共的な施設のようなものです。一般的なゴミは持ち帰ることにし、野菜くずは堆肥化し、ゴミ置き場は設置しないほうがよいでしょう。また、設置する場合は、市町村が行なう一般ゴミの回収につながるように、できれば分別しておくことが必要でしょう。

なお、自動車の交通量が多い市町村道に面した市民農園の場合は、モラルの低いドライバーが走行中に投棄するビン・缶・ゴミが多く、市民農園の外縁を管理する上でゴミの一時置き場が必要になったりすることがあります。

なお、利用者アンケートでは、「あったほうがよい」というものから「ないほうがよい」というものまで、意見が分かれ、「あったほうがよい」という意見がや

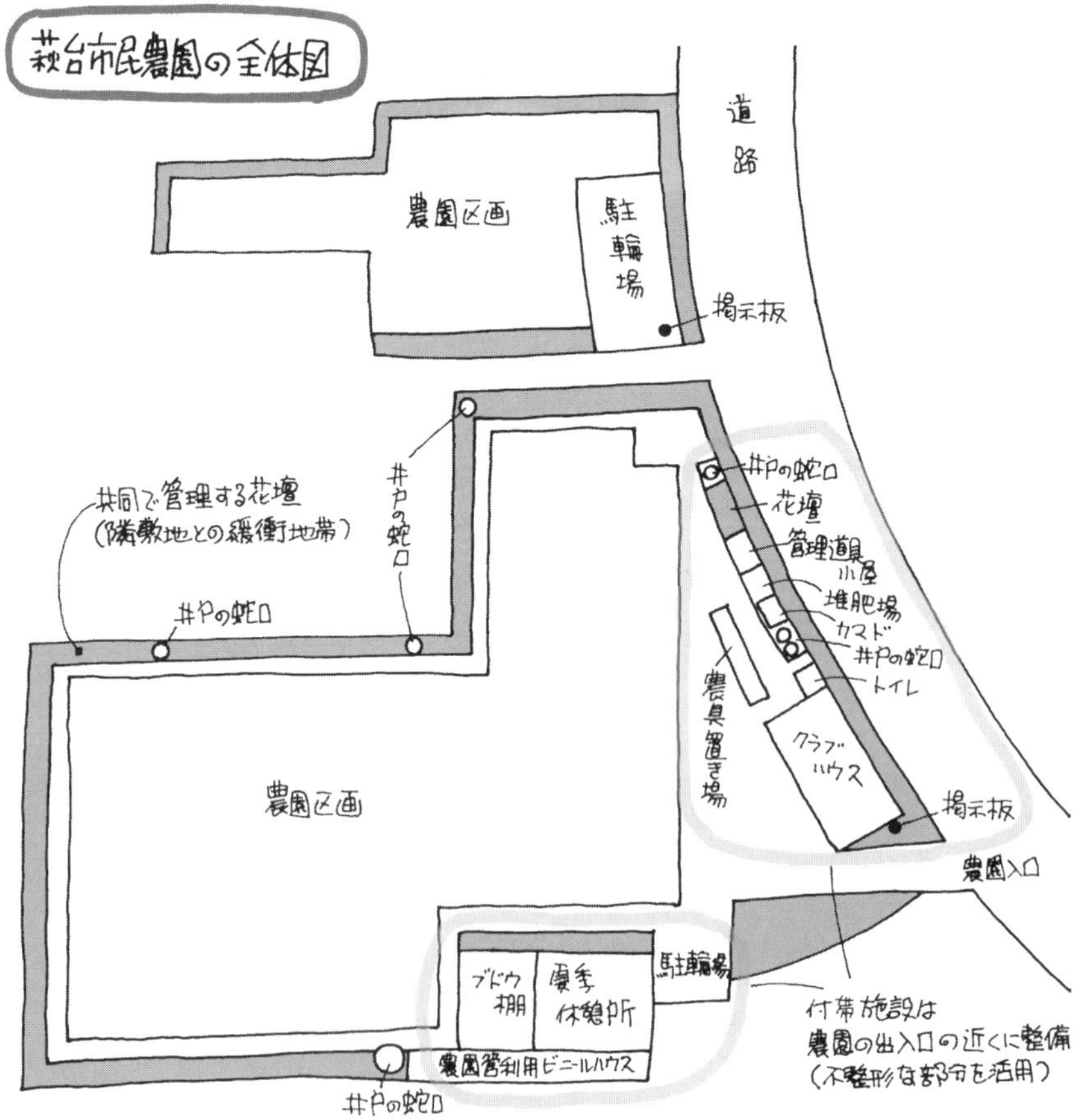

萩台市民農園の全体図

や上回っています。

付帯施設の場所の決め方

市民農園の施設や備品をどのように捉えて整備していくかは、おもなところは以上の通りですが、市民農園の外回りについても十分に考えて設計していくことが望ましいでしょう。

萩台市民農園の場合は、周囲の農家の農作業でトラクターにつけられた作業機の一部が当農園にかかっても問題ないように、他の農家や住宅ともトラブルが出ないように、境界から内側に一mの環境花壇を設けて緩衝ゾーンにしています。道路側については先ほど述べた通り、通行中の車が運転を誤って農園内に飛び込んでくることがあるので、利用者の安全を守るために、道路沿いに環境花壇を設けるとともに、その内側にいろいろな付帯施設を配置しています。この配置の中で、道路沿いに花壇を設置したことにより、通行中の車からのゴミの不法投棄の量も減少しています。

5 農園を造成する

一区画あたりの面積、通路幅、必要な付帯設備が決まったら、いよいよ造成に入ります。設計の時点であまり厳密に区画数、区画配置や付帯設備の場所を決めておく必要はありません。実際に農地に行ってみて、区画と通路の位置を決めてから、細かい付帯設備の場所などは検討したほうが効率的です。千葉市の萩台市民農園は、大きな巻尺とシュロヒモと農家の庭から切り出した竹杭と木槌だけで、利用者組織のメンバー数人が力を合わせて約一〇〇の区画を一日足らずで造成しました。

また、一気に完成型を目指さず、手づくり施設を取り入れ、無駄のない市民農園にしていくことも大事です。その協働の中で管理しやすく利用しやすく負担の少ない市民農園に仕上げていきます。

順序としては、農園の境界を決め、区画をつくり、共用空間を決め、その空間に付帯施設を設置していくことになります。農園の境界は開設場所が決まった段階で決まるのが一般ですから、具体的作業は区画をつくる作業から始まります。実際には、区画さえできていれば、市民農園を始められます。

平坦な農地での区画づくり

開設する場所が平坦であれば、数十m測れる巻尺とシュロヒモと杭と木槌とカッターがあれば区画づくりはできます。作業の人数は数人いればよいのですが、最低二人いればできます。

市民農園の基本となる区画づくりは簡単です。区画は隣り合う二つの辺が直角に交わる長方形あるいは正方形でできています。区画づくりのポイントは、この直角に交わる二つの直線を正確に引くことです。図のような方法でやれば、特別な道具がなくても直角に交わる二本の線を引くことができます。

農地の境界に十分な長さの基準線をとれない場合や不整形の農地の場合などは、中央に近いところに基準線を引き、中央に基準点を設け、そこから同じ要領で直角に交わる線を引き、区割りと通路つくりをしていきます。

各区画の角には杭を打ち込み、その杭にシュロヒモを結んで区画の境界線とするのが、もっとも簡易な区画割の手法です。各区画の通路側の杭のひとつに、区画番号の札をつけておきます。

これで農地内にひと通りの区画ができ上がりますが、農地の隅に不整形な空地ができるときがあります。その部分と道路に面した側の空間は広場や付帯施設を設置する共用スペースにします。不整形な場所だけで十分な共用スペースが足りない場合は、通路側の数区画分を共用スペースにあてます。

これで市民農園の園地造成は終わり、これだけでも入園利用はできる状態になります。あとは、共用スペースに初年度に設置しておく施設を整備すれば、開園を待つだけになります。

傾斜のある農地の区画づくり

開設予定農地が傾斜している場合は、道具に水準器を加えます。これは安価で簡単なものがあるので、それを求めれば十分です。太さが均等で透明のビン

A-B の基準線をひく。

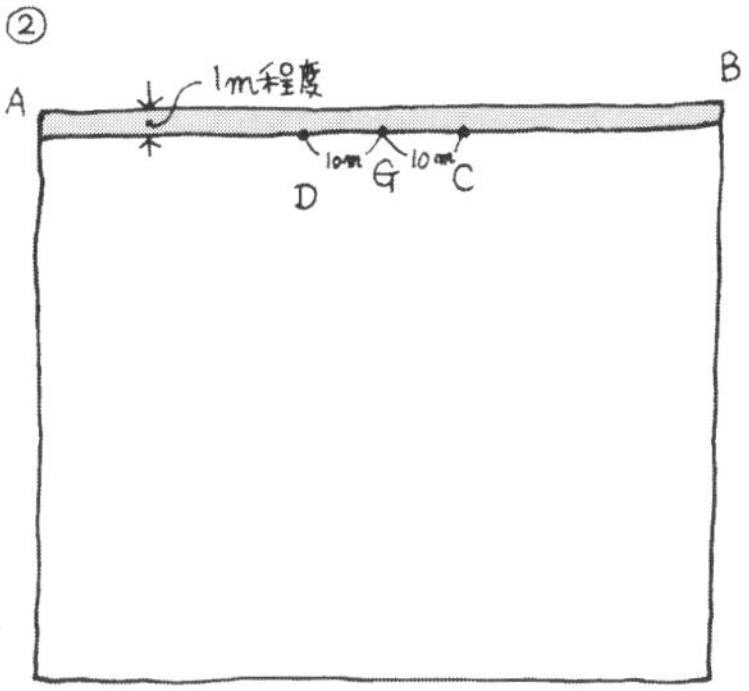

区画境界から 1m ほど（緩衝地帯分）内側の線の中央に基準点 G を定める。G から左右に 10m のところに C と D を定める。

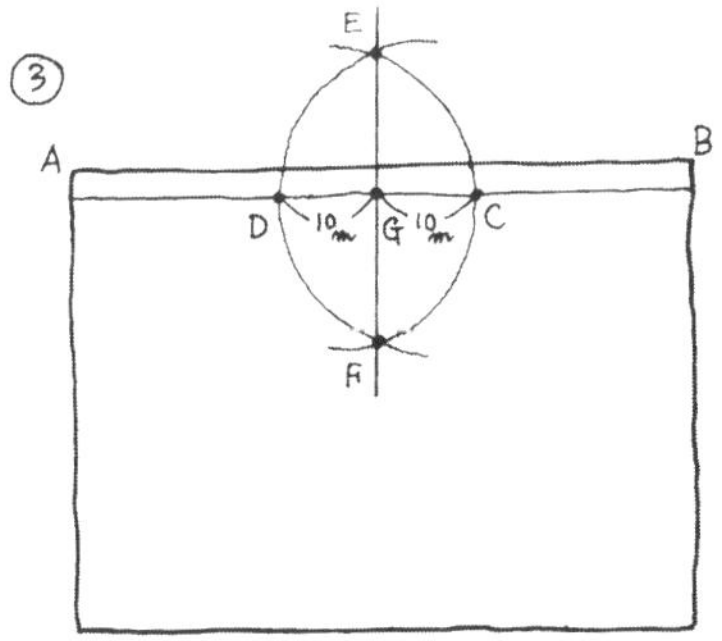

C，D の位置から同じ長さのヒモ（20m 程度）で半円を描き，交わった点どうしを結ぶと，直線 CD と直角に交わる直線 EF がひける。

CD，EF の直線を基準線として区画割りをしていく。

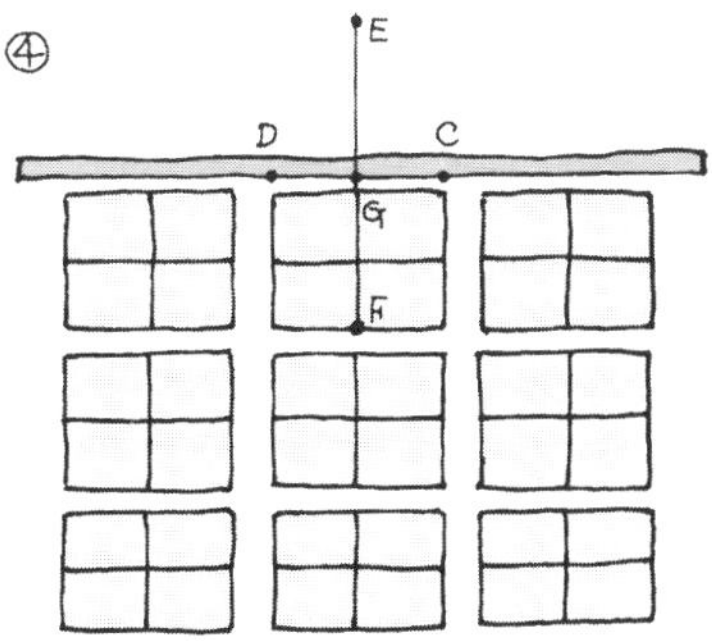

平坦地の区割りの方法

かペットボトルのようなものがあれば、それでも使えます。これは、区画がほぼ水平であるかどうか見るためです。区画は等高線に合わせていくつかの段差をつくりながら整備していきます。棚田の要領と思えばよいでしょう。この場合は必ずしも長方形や正方形の区画にはできません。多少不整形だったり広さの大小差ができますが、区画ごとの面積に応じた利用料金を設定し平等を保ちます。地形によっては、それを活かしたデザインで楽しい市民農園を仕上げていく感覚が望まれます。

6 利用者組織をつくる

まずは準備会から

先述したように、市民農園を開設する際には、利用者にもなってくれるパートナーの人を中心に、利用者の中からその人を支えてくれるような人々を探し、利用者組織準備会（世話人会）のような組織をつくります。最初のパートナーが農協や市民農園コーディネーターのような利用者以外の場合は、パートナーと一緒に早い段階から利用者を募り、その中からパートナーを探し、これらの人と組織をつくり、〝利用規則〟、入園利用料、〝入園利用契約書〟などを決めながら開園に向けての準備を行ないます。

この準備会の構成員には、開園まで利用者組織を動かしていく幹事役を務めてもらいます。そして、利用者の募集を行ない利用者が決まるときに利用者組織加入を伝え、開園とともに正式な組織発足を行ないます。中には農園整備が先行し利用者組織づくりが進まない場合もあります。そのような場合でも、何らかの組織づくりを進め、利用者として農園の管理・運営に関与していく組織を固めていくことが望まれます。

なお、利用者組織は、利用者全員が加入することが原則です。実際の運営は数人の幹事などの役員が役割分担をして行なっていきます。個々の利用者は役員の指示に従って円滑な農園運営を一緒に進めていきます。

利用者組織は強力なパートナーになる

農家によっては利用者が組織をつくると強い交渉相手ができてしまうと恐れたり、個人対組織の付き合いが煩わしいと考えて、組織を拒否する人もいます。しかし、実際はこういう心配は無用です。利用者組織をつくるのは、農家と利用者が一対一の関係で安心して協働で市民農園を管理・運営していくためです。利用者組織をつくり、その話し合いに農家自身が積極的に関わっていくことで、かえってお互いの希望を伝えやすい関係ができていきます。

実際には、農家と、最初にパートナーとなってもらった数人の利用者で、十分に相談をしてどのような組織にするかを決めて、利用者が自らつくるというのがよいでしょう。〝農家が楽で、利用者が楽しい〟市民農園を実現していくために、利用者の主体性と人の集まりが生み出す創造性・実行力を生み出す手段としての利用者組織をぜひつくって欲しいと思います。また、利用者全員加入とまでは踏み込めないという場合は、その場合は、目的限定の組織（サークル）をいくつかつくっていく方法もあります（後述するヒラオカ楽農園の事例を参照）。

7　利用者の募集

身近な方法で身近な人を募集

市民農園が開園する前に行なわなければならないことは、会員または利用者の募集です。

まず、市民農園を開設する前に、その農園を利用する人を決めます。市町村などの公的な機関・団体が開設する場合には〝公示してその機関などの対象地域に広く伝えていく〟必要があります。しかし、入園利用方式の場合は、農家の経営行為で行なうことですから、農家とそのパートナーができる範囲の方法で行なえばよいのです。開園の年は、その市民農園の前や近所で利用できる掲示板にポスターを出したり、町内会や自治会の回覧を利用させてもらっ

利用者の募集は農園の近所への呼びかけから

たり、ミニコミ誌などを利用したりします。パートナーの口コミは大きな力になります。

パートナーとともに開園前から利用者組織ができつつあれば、その組織関係者の周囲にPRして会員を集めます。また、広報して募集する場合には、管理・運営方式を明らかにしておくとよいでしょう（入園利用方式で、一年ごとの利用申込み制、利用者組織による運営など）。

8 最初が肝心！〝利用規則〟をつくる

市民農園のスムーズな運営には、基本的なルールや方針が必要です。利用規則、利用規約と呼ばれるものですが、これをつくるには、パートナーをはじめとする利用者の力が不可欠です。農家が一方的に決めるよりも、利用者と一緒につくりあげるほうが、規則を自主的に守ってくれるようになります。

規則に盛り込む内容

まず、この利用者組織（世話人会）と園主の農家で、利用上の規則を決めていきます。この規則に盛り込むもっとも基本的なことは、三つあります。

①利用者は農家の経営する市民農園に「入園利用」するのであって、区画を〝借りる〟のではないということを明記し、徹底します。毎年利用契約を更新することによって、毎年入園利用であることが確認でき、徹底できます。規則を守れない場合は更新されないことを意味します。

②お互いのために守るべき最低限のマナーと入園利用方式の基本的な利用の仕方を示し、利用者は園主と利用者組織の指示に従うことを明記します。

ミニ解説10　マナーを守れない利用者は更新させない

ルールとマナーを守らない利用者がいた場合、次年度の入園利用契約の更新を行なわないことで、比較的穏便に利用を中止させることができる。契約の途中で利用を中止させるとなると、大きなトラブルになりやすい。

③農園の管理は園主が行なうものであるが、園主は管理の個々の作業を多彩な人材を有する利用者組織に〝依頼〟して行なうことを明記すること。

この規約は毎年見直して必要に応じて更新できるようにしておきます。

なお、この〝利用規則〟は利用者向けのもので、利用者と園主、利用者と利用者組織の関係を示しています。利用者組織と園主との間には、別途覚書を交わしておくことが望ましいです。覚書には、市民農園の基本形態、利用者組織の運営の基本、園主が利用者組織にお願いすること、利用者組織が利用者に守らせることを入れます。萩台市民農園では、この覚書を五年に一度見直して再度交わしています。

開園時に〝利用規則〟を全員に配布

最初が肝心ということがあります。開園式のときかその前に総会的なものを開ければそのときに、〝利用規則〟を配り、利用の原則を徹底しておきます。利用する前に守るべき基本内容をしっかり認識してもらい、規則を徹底させるためです（「萩台市民農園の入園利用・千草台園芸サークル活動の参加の原則について」の全文を付録に掲載)。

9 利用料の設定

かならず園主と利用者で協議を

市民農園の利用料の決定、徴収は、基本的には園主である農家が行なうものです。しかし、利用者と農家が長く良好な関係を持って農園づくりをしていくためには、農家だけで料金を一方的に決めずに、利用者組織とともに決めていくとよいでしょう。それによって利用料の現状を相互理解することができます。

その地域の平均農業所得（単位面積あたり）、農園の管理・運営・サービス提供に要する経費、開設時期の全国の平均的な水準の利用料、開設地域の利用料動向を参考にして決めます。萩台市民農園の場合は利用者組織である〝千草台園芸サークル〟があるので、現在は園主である農家が始めから利用料を①農家収入②施設整備費③運営費に分けて、徴収し、そのつど②および③の金額を運営を担うサークルに渡しています。

園主の所得と管理・運営費に分ける

利用料を決める際には、園主（農家）の所得水準をある程度確保しながら、農園の施設整備や運営水準もほぼ満足でき、なおかつ利用者に負担の大きくない金額を考えます。農園の整備費は、園主である農家と利用者組織が協力して手づくりすることを基本にすれば、安くなります。このようにできるのが、入園利用方式の長所です。利用料を改定するときも、必ず園主と利用者組織が協議して、妥当な線に落ち着かせます。

利用料は、具体的には第1章7項〝「入園利用方式」市民農園の収入は？〟のところで書いたように、利用者が支払う入園利用料は、次の式で表わせます。

利用者が支払う入園利用料
＝園主が受けとる入園料＋施設整備費＋農園運

営費（農園の利用収入）

＝（農家所得）＋（固定費）＋（変動費）

たとえば、萩台市民農園のこれまでの入園利用料などを見ると、

一区画（三〇㎡）あたり

九〇〇〇円

＝六〇〇〇円＋一五〇〇円＋一五〇〇円

市民農園の敷地は約六〇a（六〇〇〇㎡）で一一七区画あります。利用者が納める額は一〇五万三〇〇〇円ですが、園主の所得は七〇万二〇〇〇円になり、一〇aあたり一二万七〇〇〇円になります。

施設整備費は一七万五五〇〇円で、農園運営費も一七万五五〇〇円になります。施設整備費は、毎年区画の杭やシュロヒモを補修したり、クラブハウス（ビニールハウス）を建て、維持・補修をしたり、井戸を掘り維持したり、簡易トイレを購入し維持・修理したりすることに使いますが、一七万五五〇〇円では十分とはいえません。農園運営費にしても、利用者との日常的な連絡調整を行なったり、園主とともに園内を見まわる〝畑（立毛）品評会〟を実施したり、収穫物の品評会や収穫祭を開催したり、講習会を開いたりということになると、これもこの額では十分といえません。

萩台市民農園では長期的視点で会計管理を行なっており、会員の一割が常任幹事として農園管理・運営のために常時活動しており、さらにイベントのときには全会員の二割近くの一般幹事が行動し、さらに一般会員も積極的に協力してくれるので、この内容の入園利用料でどうにかすんでいます。

萩台市民農園の例は、農家の手取りも、管理・運営費も最低限のものです。これから開設される市民農園では、立地条件さえ整えば、一㎡あたり入園利用料を四〇〇～五〇〇円（現在の全国平均）程度に設定するのが妥当でしょう。また、経営戦略として高水準のさまざまなサービスを用意しておき、さら

ミニ解説11　**地域の平均農業所得の調べ方**

農林水産省が発行している市町村別生産農業所得統計表で、各市町村ごとの一〇aあたり平均農業所得を調べることができる。

に高い料金を設定している市民農園もあります。

なお、萩台市民農園の場合は利用者団体の発足が一九七三年であり、利用者が高齢化し年金生活者も多くなっているので、入園利用料金を上げにくい状況があります。

これからの高齢化時代において、福祉の面からの市民農園への期待と役割は大きくなりますので、関係行政機関などの理解と支援が望まれます。農家経営と年金生活者の利用を両立させることのできる料金設定をするためには、何らかの補助制度が必要でしょう。ちなみに、公有地に市民農園を開設するヨーロッパの多くの国では、利用者を中高層の集合住宅に居住する人に限定したり、高齢者や生活保護を受けている人々の利用料を低額にしたり免除したりしています。

10 「入園利用契約書」を結ぶ

口約束はトラブルの元

市民農園は、農家の生産財（生産手段）である農地をその所有者以外の人が使用するものです。そのうち〝特定農地貸付方式〟の場合は、法で定められた契約で、利用者に使用収益権が設定されます。それに対して、入園利用方式は農家が経営する市民農園に農家の指示に従って入園させ利用させるもので、利用者には農地に関する権利は発生しません。

しかし、長期間曖昧な形で入園利用させていると、利用者は土地を借りていると思い込み、権利を求めてくる場合があります。また、農地には小作制度がありましたから、利用者に小作権ができたように錯覚する人もいるようです。後のトラブルを避けるためにも、利用者は農地を「入園利用」することを、きちんと文書にしておく必要があるのです。

実際にあった例ですが、一人の年配の農家主婦が近所の会社員の協力で農地を分区し、多くの人に利用をさせていました。管理はその会社員にお任せでしたが、何年か経過した後、その会社員は園主の農家主婦に対して、「かなり続いているので、これからは契約を結びましょう。契約で〝長期に借りられる〟ようにしましょう。それに、私が管理しているのだから、今までの自分へのお礼は管理委託費として値上げしてください。おばあちゃん（園主）が亡くなったときにも引続き借りられるようにするとともに、私に支払われる管理費は倍額にするように契約をしてください」と求め、農地借受の権利を主張したそうです。

ミニ解説12　小作権とは

正しくは永小作権。他人の土地で小作料を支払い、耕作・牧畜をする権利。民法で定められているが、現在は農地の貸し借りは賃借契約（賃借権の設定）で行なわれており、小作権の設定はほとんどない。小作権は自然発生するものではなく、土地所有者と小作者との権利設定契約が必要。

当時は特定農地貸付法の改正がある前で、市町村と農協しか市民に農地を貸付けできなかったので、おばあさんの相談に対して私は次のようにアドバイスしました。「農地の利用には農地法の規制があって、特定農地貸付方式の手続きで市を経由しなければ〝貸すこと〟はできませんよ。おばあさんのやり方は入園利用方式といって、入園料をとっておばあさんの農地を利用させているだけなんです。その人や利用者に農地を貸し付けることは法律的に認められないのですよ。それに管理費契約だとか園主死亡で管理費を増額しろとかいう求めは失礼でしょ。その人に〝私は善意で入園利用させているのだから、権利主張をするなら市民農園を閉じますよ〟といって、この本をその人に見せなさい」といって市民農園開設方法が載っている本をおばあちゃんに差し上げました。そのおばあちゃんは忠告どおりに会社員に伝え、問題はすべて解決し、おばあちゃんは安心して入園利用方式で市民農園を続けています。

農家が独自に取り組んでいる例の中には、口約束の曖昧な取り組みが多いようです。このような場合には、長く続くうちに園主と利用者の間の理解に差が拡大していき、トラブルの元になっていきます。また、〝入園利用〟という言葉がなじみにくかったり理解しにくかったりして、気軽に農家は「貸している」といい、利用者は「借りている」とか「貸し農園」と呼んでいるうちに、農地法違反といわれて農業委員会の注意を受けたり、閉園に追い込まれたりしている例もあります。ここはやはり農家と利用者がともに「入園利用方式」という意識を持って取り組むことにし、両者の間で共通理解として持つべき事柄を文字にしておきましょう。これがいわゆる〝入園利用契約書〟ということになります。

本来は口約束でも立派な契約ですが、約束事の根拠を明確に文字にしておくほうが確実です。ただ、私たちは改めて〝契約書〟というと硬く感じられ、権利が長く続くように錯覚するかもしれません。萩台市民農園・千草台園芸サークルでは、領収証様式をとっています。入園利用申込書、領収証の双方に、基本的な申し合わせ事項（入園利用契約の内容）と利用規則のポイントを記載しています。園主は入園利用申込書を受けとって、入園利用料の領収証を出します。申込書・領収証そのものが入園利用契約書となっていますから、これでしっかりした契約書の取り交わしになります。しかし、契約書の取り交わしというよりもソフトな感じになります（萩台市民農園の入園利用領収証の内容を付録に掲載）。

利用期間は一年未満とし、毎年契約を取り交わす

名前にもこだわる必要はありません。「入園利用契約書」でも、「入園利用に関する覚書」でも、「入園利用の合意書」でも、「入園利用申込書」と「入園利用料領収証」の取り交わしであってもよいでしょう。園主と利用者の双方がもっともなじみやすいものを使います。この中で明記しておくべきことは、①その市民農園が園主の経営する入園利用方式の市民農園であること、②入園利用する区画、③利用の期間が一年未満（一一カ月とし、開始日と終了日を明記するのが一般的）であり、農地に対する権利が発生しないこと、④永年作物は原則として栽培

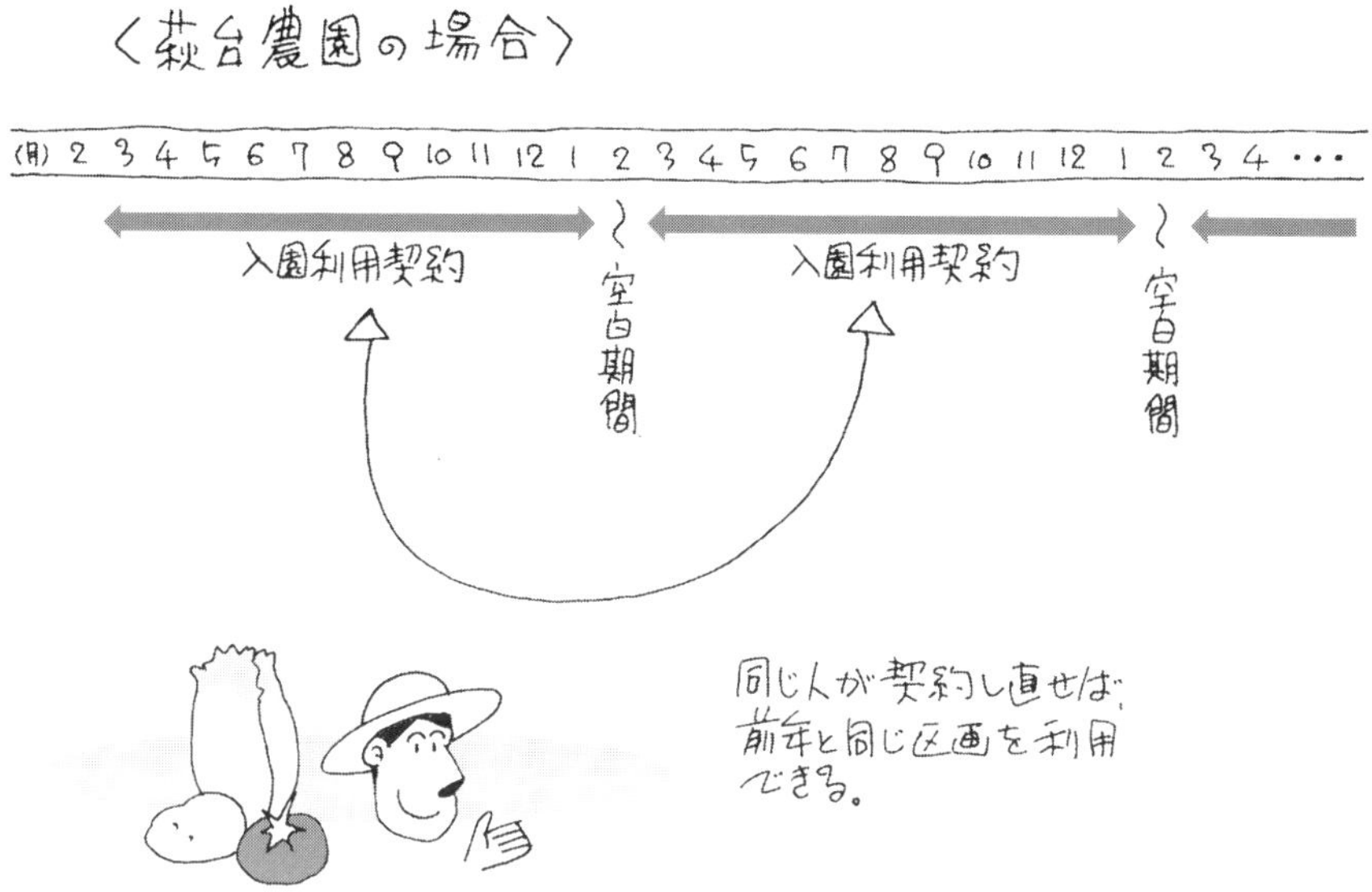

入園利用方式は11カ月の利用期間ごとに契約を結ぶ

できないことです。

利用期間を一年未満にしておく理由は、毎年契約を新たに結びなおすことによって入園利用していることを改めて確認するためです。利用者に農地に対しての権利意識が発生することをふせぎ、お互いにとって不快なトラブルの発生を予防します。なお、継続して利用する場合は契約期間でない一カ月間でも、作物を植えた状態のままにしておくことは認めてもよいでしょう。

萩台市民農園では、「利用時間は日の出から日没までであること」という項目もあります。これは、農家の私有地である農地を入園利用していることから、農家の目の届かなくなる夜間の入園を原則認めないという意味合いで定めています。また、農園の防犯管理の上でも重要です。夜間に農園を出歩く人が発見されたら、即座に不審者であることがわかります。

利用者一人ひとりとの契約方式に

この契約は、必ず園主がそれぞれの利用者と個々に行なう形で書面を整えます。相対は契約の原則です。農家が自ら経営し、農園を管理していることを証明する書類にもなるのでたいへん重要です。

事務はできれば利用者組織で

毎年、入園利用契約を結びなおしながら利用料金を徴収して農園管理をしていくことになりますが、それを園主一人で行なうのは、手間がかかりたいへんです。その農園が利用者組織を持っていれば、申込書および領収証の作成と宛名書きや入園利用料の徴収を、組織力を使って行ないます。そのようにすれば多くの目と手を通して行なうことができ、より正確にスムーズに、年度初めの作業を進めることができます。

萩台市民農園の利用者組織、千草台園芸サークルでは、役員の中で事務に慣れた人が入園利用契約書、および領収証の書式の案をつくり、それをサークル代表者が園主に示し、その了解を得ます。園主の了解、指示のもとで、年度初めのサークルの総会のときに、役員が分担して契約書（申込書）と年間の入園料を徴収しています。

文書化で経営としての体裁ができる

文書化した入園利用契約を結ぶということは、園主と利用者が共通の理解を持ち、両者の円満な関係を維持することが第一の目的ですが、さらには農地法違反をしていないという証明になります。そして、利用者は農家に入園利用料を払い、農家は市民農園を〝経営している〟ことの証明にもなります。このような証を持ち、市民農園経営を含めた農家経営の記帳を行ない、確定申告を行なっていけば、その積み重ねが経営の継続を実践的に証明し、将来の相続税対策（猶予を認めさせる）の取り組みにつながっていきます。

第3章

市民農園　運営のポイント

1 利用者組織による農園の運営

豊富な人材を組織に活かす

市民農園が安定して継続するには、園主の農園に対する考え方を中心に大勢の利用者が一つにまとまっていくことが重要です。そのために利用者組織が必要ですが、その組織がきちんと動いていくためには、市民農園利用者が共通の目的を持ち（たとえば、この市民農園を長く利用できるようにしていこうとか、そのためにこの農園が広く認められ、よい評価を得られるようにしようなど）、その組織や社会に貢献する意欲を持ち（たとえば、スムーズな組織運営に協力しているなど）、構成員の間のお互いの意思や組織の方針などを伝え合うこと（伝達）が大事です。

　利用者組織が、そういった十分な組織要素を持ち、市民農園をスムーズに管理・運営していけるように

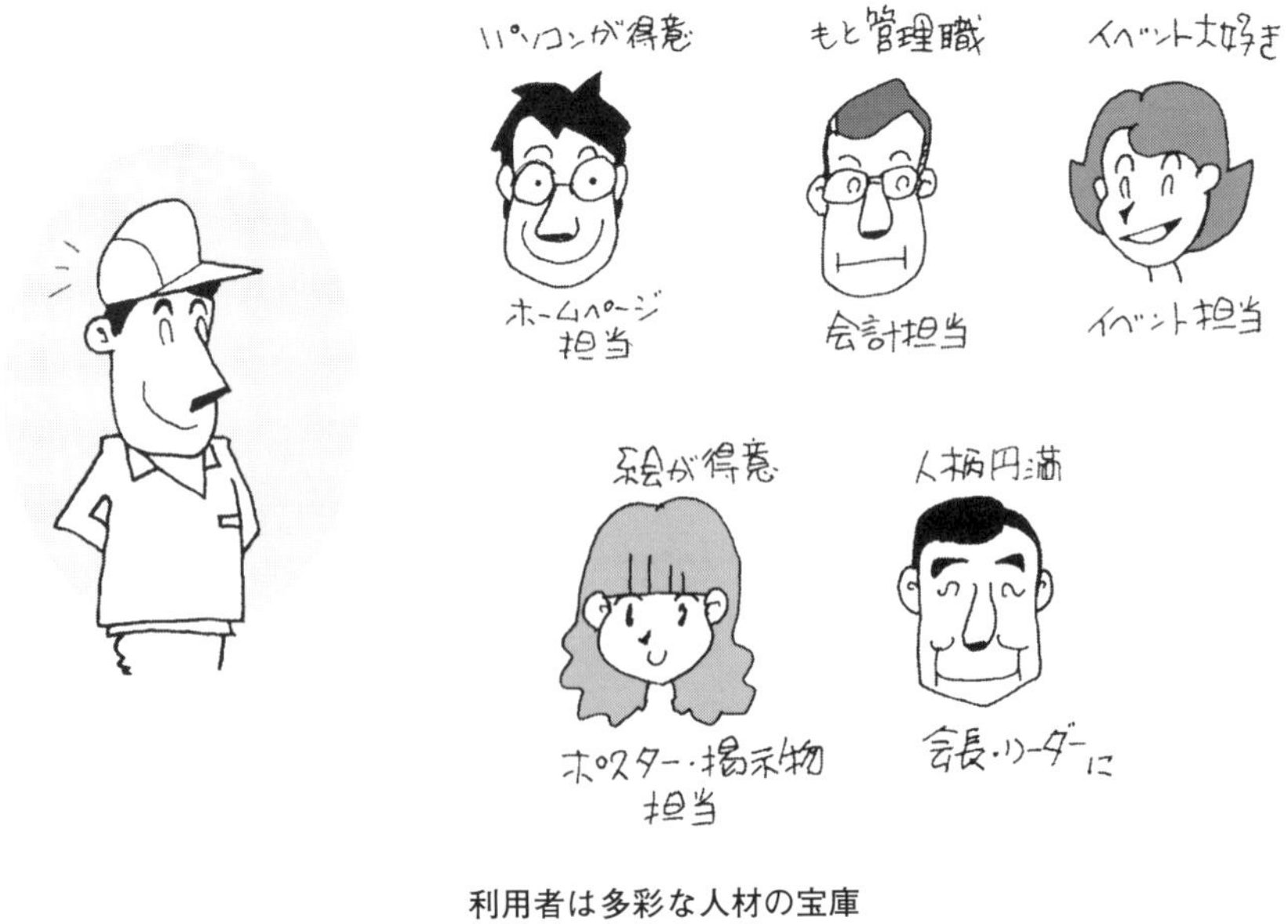

利用者は多彩な人材の宝庫

するには、よきリーダーたちが必要でしょう。市民農園は〝農家の農地を使った分区でガーデニングを行なう〟という共通の基本行動を持っています。しかし、栽培する作物は人によって違います。それを栽培する人々（利用者）はさまざまな職業を持つ人々、あるいはさまざまな職業を退職した人々で、百人百色です。趣味も性格も行動パターンもさまざまです。日常の利用者それぞれの動きは独立で主体的で、それは社会の縮図のようです。逆にいうと、人材の宝庫ということです。いろいろな能力を持った人たちの集まりですから、それらの人々の得意分野の分担と共同作業を進めていけば、たいへんな力になります。

利用者組織の幹部や役員は、当初開園を支えてきたパートナーが担うことになりますが、開園後利用者どうしの交流が進んでくると、徐々に各利用者の個性が見えてくるものです。いろいろな得意分野のある人に、その人にあった役割分担をしてもらうように、園主をはじめ幹部はどんどん声をかけていくとよいでしょう。萩台市民農園の利用者組織である千草台園芸サークルは、現在会員の一割がなんらかの役員をしています。市民農園は非常に多様な機能を持ち、社会にさまざまな役割を果たすことができます。そのような集団の組織ですから、組織を動かす役員は一定多数にし、それらの役員がさまざまな分担をする体制のほうがよいでしょう。

多彩な人の集まりの組織ですから、それを束ねるリーダー（役員）は穏やかな人のほうがよくまとまります。とくに全体をまとめていくトップリーダーは、さまざまな考え方を受け止めて折り合いをつけ、なおかつ基本は崩さないような人が望まれます。しかし、人は皆、得手不得手があり、個性があります。それぞれの人の力はあまり差がないと思ったほうがよいでしょう。一人ですべてが揃うスーパーマンはいません。しかも、そのリーダー群を中心に大勢の役員が参加し分担して組織運営をしていけば、一人ひとりの負担が軽くなり、余裕のある楽しい運営ができるようになります。

また、組織の安定性はみんなが少しずつ力を出し合うことによって実現します。誰かに負担感が集まらないようにすることがコツです。好きなところ、得意とするところをお互いに分かち合い、別に負担を感じないというように仕事を分担し合うことで、組織は安定しスムーズに動きます。安定していけば、園主も安心して見ていられます

少しずつ大きな組織にしていく

市民農園が開設された当初は利用者組織の役員は少なくてもよいでしょう。最初は開園を支えた少数の人でトナーと、パートナーに声をかけられた少数の人で始まると思います。むしろ最初は、相談しやすい人数、基本的なことを会員に伝えられる程度の人数がちょうどよいのです。

まずは、最初が肝心で利用者全員を集める会合と、栽培講習会程度の行事から動かし始めます。その参加者の中から、協力してくれる人を次の年からの役員になってもらうようにしていきます。無理がないように、毎年一つずつ行事を増やし、役員も少しずつ増やしていきます。このようにして、組織を着実に成長させていきます。

利用者組織中心の管理・運営の体制とは

市民農園の管理は、農園を経営する農家（園主）が行ないますが、入園利用方式による市民農園は、一般的に、農家の負担を軽減したり、利用勝手がよい農園にしていくために、管理・運営に利用者の参加を求めたり、利用者組織がある場合は多くの作業を組織に依頼して進めていきます。

一例として萩台市民農園の利用者組織、千草台園芸サークルの内容を紹介します。千草台園芸サークルは、利用者全員が会員となっており、図1のような役員組織をつくって、会員の二割がなんらかの役員をしています。

会の顧問は園主です。毎年一〜二月に会長は利用者の代表として園主と話し合い、園主の希望に基づいてサークルが日常的に担っていく管理作業の基本を決めます。その後、毎年二月に開かれるサークルの総会で園主との話し合いの結果を活動計画の中に組み込んできました。園主と会長の話し合いに出てこなかった管理上の重要なことが総会で出てきた場

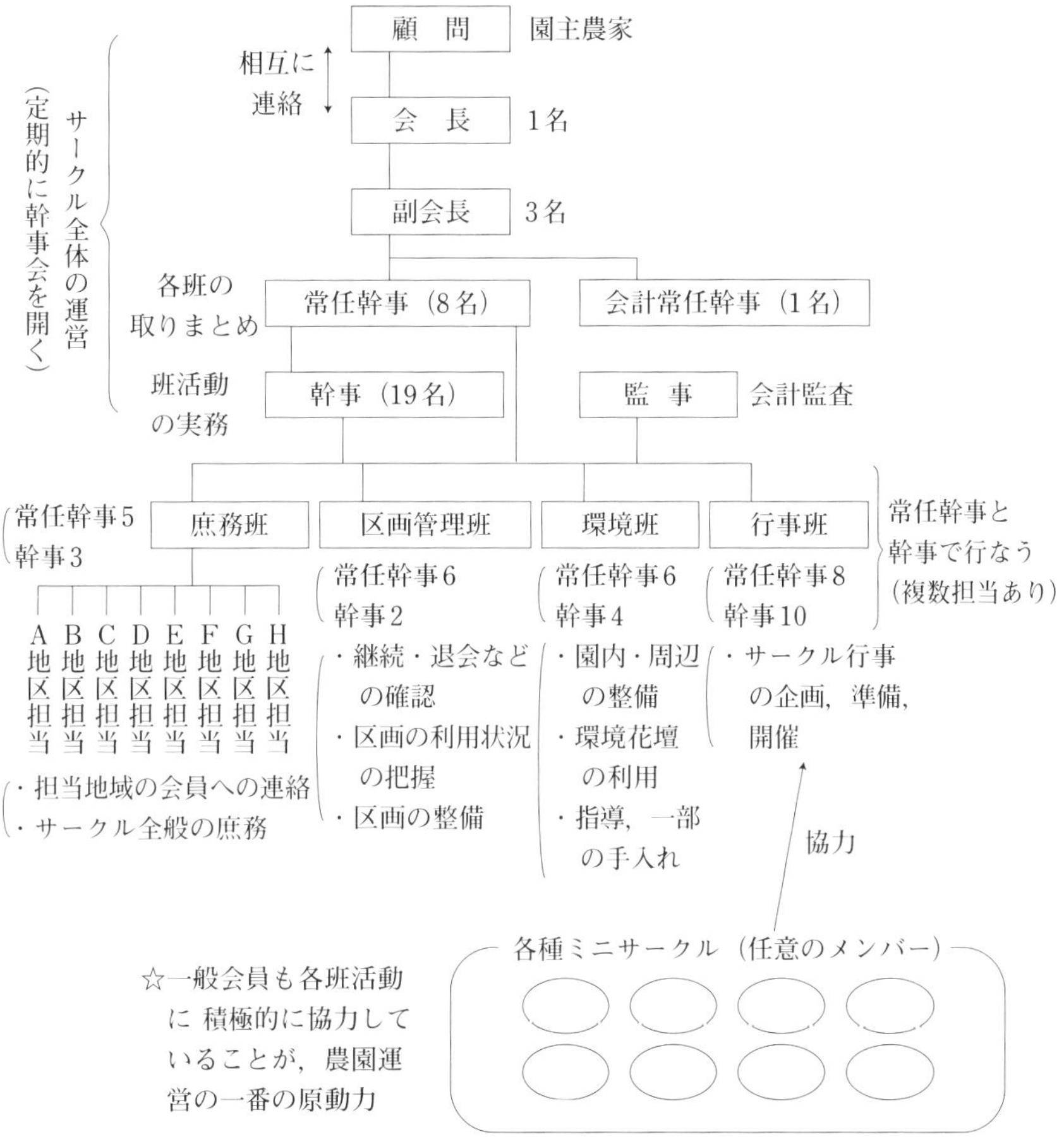

図1　千草台園芸サークルの組織構成

合も、そのつど、園主と会長で相談し、会長の指示の下でサークルが主体的に取り組んできました。

このように、萩台市民農園では、園主と会員の関係は、利用者組織の会長によって仲介されます。会員の総意を会長が園主に伝え、園主の考えは会長から伝えられます。

班体制による農園の運営

利用者組織は始めは単純な組織にし、全員参加の体質づくりをしていきます。市民農園活動がしだいに軌道に乗り、さまざまな管理や運営を行なうようになってきたら、農園の管理・運営・イベント開催などのいくつかの班組織をつくり、役員間での分担を行なうと、組織がスムーズに機能します。

千草台園芸サークルには、庶務班、区画管理班、環境班、行事班の四つの班があります。それぞれの班は、常任幹事と幹事で構成されていて、常任幹事が中心となり、幹事がそれをサポートする形で班活動が進められています（各班の仕事は図に記載）。常任幹事は複数の班に関わりを持ち、各班の役員が全体で鎖の輪のように協力し合い、会員全体に関わりを持ってもらうようにします。

庶務班は、サークルや農園運営全般の作業などを総体的に担当しています。また、会員の居住区域をいくつかに分け、班員を担当地域に割り当て、会報や通知文書を渡すなどの連絡事務を担当します。

区画管理班は、農園区画に関する業務を担当しています。区画の杭やシュロヒモなどの補修・整備はもちろん、定期的に区画を見回り、会員の利用状況を見守ります。雑草をあまりに繁茂させたり、著しく隣区画に迷惑をかけている区画があった場合、役員を通じて改善を促すこともまれにあります。空き区画の把握や新規利用の調整なども行なっています。

環境班は、区画以外の農園内外の整備を担当します。農園の外周にある環境花壇は、近くの区画を利用している会員が分担して管理していますが、その利用指導を行ないます。クラブハウス近くの花壇、道路に接した花壇など、担当がとくに決まっていない花壇の管理の中心にもなります。クラブハウスや井戸などの共用施設の維持管理も環境班の仕事です。

行事班は、サークルの行事を企画し、準備、開催を中心になって行ないます。

それぞれの班活動は独立して行なわれていますが、年に数回、常任幹事と幹事が集まって幹事会を行ない、お互いの活動内容を共有したり、問題を相談し合ったり、手が足りない班に協力したりしています。

幹事の期限は決まっていません。幹事の人数は決まっているわけではなく、会員で希望する人なら誰でも幹事になれます。忙しいなどで都合がつかない場合は休んだりやめたりすることもできます。会員の中には、各種活動には積極的に参加するものの、組織の役職となると負担を感じて遠慮する人も多いものです。そういう人には無理に幹事を任せず、行事や各種班活動を行なう際に協力してもらうよう声かけをして、積極性を活かして関わってもらうようにしています。

また、会員が役員任せの体質にならないように、みんなで組織運営を行なっていくことが大事です。斑活動をするときは近くにいる人に声をかけて協力してもらったり、会員の自主的な協力を積極的に受け入れるなど心がけています。

2 会員募集と入会、更新、退会の手続き

二年目からは空き区画に先着順で

一年目は、第2章で説明した通り、ほぼ口コミで会員を募集しましたが、二年目以降は、入園利用方式の場合は継続利用者を優先させたほうがよいでしょう。市町村などが開設する特定農地貸付方式の市民農園は、一人の利用者の利用は五年以内と義務づけられています。しかし、農家が自由に経営する入園利用方式は、法による規制はないので、何年でも更新利用させることができます。長く継続する人ほど安心して入園利用してもらえることは、第1章でも説明した通りです。

萩台市民農園の場合、毎年年末になると、区画管理班が会員に来年度も利用するかどうかを確認します。来年度利用の希望がないところについては空き区画となるので、新規の利用者を入れていきます。

新たな利用の申込みに対しては申込み受付簿をつくっておき、年間を通して申込み順に受け付けていきます（先着制）。この名簿に基づき利用者を決めていきます。申込者の数が空き区画数と同じかそれ以下の場合には、そのまま全員を利用者に決定できます。もちろん、利用者を決めるときか申込みを受け付けるときには、その市民農園が入園利用方式であることや基本的なこと、およびルールをしっかり伝えるようにします。

空き区画の数を上まわる申込みがあった場合は、利用者を選択して決定しなければなりません。この選択方法は、申込み順、抽選、面接がありますが、入園利用方式の場合は申込み順がよいでしょう。抽選方式は、平等の機会のもとで偶然の結果で決まるので、よい方法と思えますが、抽選の準備、抽選の立会い、当選者のキャンセルの場合の再抽選などが必要で、手間がかなりかかります。

申込み順の場合は、申込者名簿を先着順に作成し、順番に従って決定を通知し、キャンセルが出た場合には順番に従って繰り上げ決定をしていきます。この申込者名簿をウエイティングリスト（順番待ち名簿）と私たちは呼んでいます。ウエイティングリストに掲載された人々は、人気の高い市民農園であっても、数年待てば必ず利用できるので、抽選よりも公平です（抽選の場合は、くじ運の悪い人は何年待っても利用できないという例があります）。また、何年待っても利用するという意気込みの人は、概して熱心な利用者になり、よい栽培管理を行ない、組織運営に協力的です。

なお、面接による方法は、初年度の場合は面接対象が多くなってたいへんだったり、面接する側に私情が入ったり、選択基準の設定が難しかったりして、入園利用方式ではほとんど行なわれていません。

入会・利用手続きと更新・継続手続き

新たな利用者が決まったら、入会・利用手続きを行ないます。この次年度へのステップのときに、継続利用者に対しても、必ず再利用（継続利用）・会員継続の申込みを提出させるようにします。この行為により、貸付けでない・入園利用であることを証明します。

入園利用・入会、再利用・会員継続の手続きは、萩台市民農園では、利用者が毎年度初めの総会のときに利用申込書兼入会（継続）申込書を提出し、入園利用料納入領収証を受けとる方法で行なわれます。このときに取り交わす申込書と領収証の双方に入園利用に関する基本的な事項を記載しておきます。これで、入園利用契約を結んだことになります。

日頃から友人・知人を農園に誘おう

また、「入園利用契約書」という契約書の書式を整えた書類を作成し、それをお互いに署名捺印して取り交わすという方法もあります。いずれでも、なじみやすいほうを採用しましょう。

なお、募集から入会手続きまでの過程をスムーズに進めていくためには、市民農園の行事をオープンにして外部の人々に市民農園の楽しさを知ってもらったり、利用者の近所の人たちや友人・知人を誘って市民農園に遊びに来てもらうのも効果的です。

退会手続き

利用中止・退会は、翌年度への継続を確認するときに申し出てもらいます。入園利用は一年未満の期間限定行為ですので、再利用・会員継続の手続きを行なわないと自動的に使用中止・退会ということになります。したがって、期限までに何の意思表示も行なわない利用者に対しては、入園利用期間が終了することを伝え、終了の日までに利用していた区画を利用前の状態に戻す（原状回復する）ように求めます。原状回復された段階で手続きは終了です。

3 日常の農園運営のコツと総会

農園内の管理作業

日常の園内管理は、区画管理班と環境班の仕事が主となります。通路や広場などの共用空間の除草、区画を区分けする杭とヒモと区画番号の補修、クラブハウスや休憩所、井戸やトイレなどの共用施設の維持管理と補修や必要施設の増設などです。補修に必要な杭、ヒモ、区画番号の札、木槌は道具庫に常備しておきます。

各区画に隣接した通路は、それぞれの利用者が自区画の管理とあわせて管理します。共同で利用する施設の清掃は、萩台市民農園では利用する人たちの中で気がついた人々が率先して行なう場合が多いです。交代や分担で行なってもよいでしょう。また、人手が必要な大がかりな補修や施設増設などの作業は、会員への参加を呼びかけ、イベント的に取り組みます。

ルールとマナーは厳守

園主と利用者の相互信頼と組織の安定的発展に欠かせないものに、ルールとマナーの厳守があります。これは、文章にして、市民農園の開園時に全員に伝え、それ以降は毎年の入園利用の更新契約のときに、改めて利用規則を書いた申込書（入園利用契約書）をわたし、繰り返し伝え続けていきます。これらを守らない利用者に対しては、多くの役員の目でそのことを確認し、守るように伝え、他の多くの利用者と協調できない、利用者組織になじめない人については、自らの判断でこの市民農園の社会から去ってもらうことになります。

市民農園とはいえ、園主である農家の土地であり、園主の経営する農園です。何かトラブルが起こったとき、近所の非難が集中するのは園主自身です。園主としては神経質になる部分もあると思いますが、園主自身が常に監視するわけにもいきません。ルールやマナーを一人ひとりに確実に守ってもらうには、利用者組織に自主的に管理してもらうことです。そのためには、規則づくりや規則の改定そのものを、利用者組織に一任して、利用者が守りやすいものにしていくことが必要です。市民農園の管理運営に利用者組織が参加するということは、利用者全員が園主の考え方に立って利用する自分自身を自己管理するということです。

利用規則は年度初めに見直す

農園が動き始めると、想定とは一致していないところが出てくることもあります。また、気がつかなかったことや、利用活動の発展で新たに必要となることも出てくるでしょう。そのような実際の動きに合わせて、利用規則は変えていく必要があります。市民農園は、さまざまな人々が集まって利用し活動していくものですから、その動きによって変化していくものと考えましょう。市民農園は生きているのです。基本となる枠組みは変えないこととしながら、毎年見直して手直ししていく柔軟性は持ち合わせましょう。

私の経験上、変更が出る可能性の高い事柄は、利用者の募集方法と決定方法、ルール違反に対する対応方法、園主を支援して農園の管理運営を分担する組織の内容や分担の方法、永年作物の栽培、農薬や化学肥料に対する考え方などがあります。

園主の農家がやること

園主は、自分の農業の一部門として市民農園全体のマネージメントを行ないます。農園全体の調整、農地の権利が関係してくる部分の掌握と付帯作業、利用者組織が目の届かないところの管理運営などを行ないます。利用者組織に運営の実務を依頼している場合も、日常的に農園を見てまわり、すぐにできる補修や、利用者に対する管理や栽培のアドバイスを行ない、利用者との関係づくりをしておくとよいでしょう。萩台市民農園の園主は隣接の自分の経営耕地での農作業の行き帰りなどで、ときどき園内を見てまわり、会長や役員たちと雑談を交わしたりしています。

コラム6　都市緑地を守る新しい税制を

本書でも取りあげたように、都市の農地は土地評価額が高く、高額な相続税で農地を手放す人が多く、年を追うごとに減少しています。農地を都市の緑地ととらえ、もっと積極的に守っていく必要がります。そのためには、税制の抜本的な改革がもとめられますが、まずは個々の行動や主張を強くしていく必要があります。

市民農園を経営している都市農家の中には、〝社会貢献として農地を守ります〟といい、儲けを度外視して入園利用料をできる限り低く抑えている人があります。また、スウェーデンのように相続税制度がない国が多くあることにも注目する人もいます。温暖化の中で、環境税の導入も検討しなければならない状況ですが、逆に都市緑地として農地を残していくような税制、たとえば都市農地を環境財として低く課税評価をするなどの発想も出ています。

もっとも大切なことは経営記帳です。市民農園の収入をしっかりと計上し、毎年確定申告を行ないます。この積み重ねが将来の相続税問題が出てきた場合、相続人が相続税猶予を受けるための前提になっていきます。入園利用方式の市民農園は、自らの農業経営の一部門としての取り組みですから（特定農地貸付方式のように農地の権利移動を設定して他者に委ねているものではありませんから）、相続税の納税猶予措置の適用を求めるのは当然です。

中には、〝納税猶予措置〟に疑問を持ち、猶予措置を受けなくても続けられるように高い利用料を設定して市民農園を行なう人もいます。その一方で、市民農園の公共性を重視して、できる限り入園利用料を低く抑える農家もいます。また、相続税制度のない国があることに着目し、市民農園を都市緑地として課税制度を抜本的に改革するよう主張する人もいます。これらさまざまな方向を見据えて取り組み、主張するべきところは主張することも考えてみてください。

総会で一年の締めくくりと新年度のスタートを

年末になると、前述した更新利用の確認とともに、年度末（萩台市民農園の場合二月末）に行なう総会の議題と、資料の内容、および新年度の入園利用料を園主と利用者組織の代表の協議で決めます。総会会場手配から資料づくりまでは利用者組織が分担します。総会の前月末（一月末）には入園利用の期間が終了するので、総会が行なわれる次の月初めまでの冬の一カ月間は入園利用されていない期間となりますが、一カ月後には再び同じ区画に入園利用するので、区画の植栽は何ら変える必要はありません。この期間は一カ月程度手入れしなくても作物の生育に影響はありませんが、どうしても気になる人は入園することもあり、園主も大らかに認めています。そしてこの空白の期間に入園利用者が替わる区画の整備が行なわれます。

千草台園芸サークルの総会のようす

総会の日は、新しい年度の始まりです。萩台市民農園では、各種野菜の種まきが本格化する三月を年度初めとしているため、総会は年度末である二月末に行なわれます。利用者組織の前年度の活動結果を確認し、新しい一年間の活動の計画を決め、市民農園の基本と入園利用や市民農園活動の原則などを確認します。総会の議事が終わると入園利用料の納入を行ないます。会員を住んでいる区域ごとにグループに分け、役員が分担して自分の担当地区の会員からの集金事務を代行します。

総会が終わると会員たちは農園に行き、種をまき、種芋や苗を植え、新しい年度の区画の利用を始めます。そして、野菜や花の栽培を楽しみながら、次項に述べるようなイベントを楽しみ、心豊な市民農園人生をつくりあげていきます。あわせて、日常的に園主を支援して、園内の管理を主体的に行ない、楽しい・利用しやすい市民農園へと、園内施設の整備にも取り組んでいきます。

また、市民農園を長く続けていくには、外部の方々に市民農園利用の楽しさや、市民農園が持つさまざまな機能や社会的な貢献度・役割を広く知ってもらったり、各地の市民農園と交流してノウハウを共有しお互いの立場を高めていくことが必要です。このような市民農園の外部に向けた活動も同時並行で行なっていきます。この外部活動は、組織のトップグループリーダーやそのような活動に意欲のある人が分担していきます。

4 イベントの開催 ――農園のみんなを盛り上げる

市民農園は、〝都市の住民等が非営利目的で農地を利用する場所〟です。利用するのは基本的には農家以外の人々であり、販売目的の栽培ではありません。利用する者は、土と触れ合い、野菜や花を育て、市民農園という空間を楽しみ、そこに集う人々と会話することを目的としています。たとえば、耕すことでストレスを発散したり、子どもに土に触れさせようとします。自分で食べるものを自分でつくりたい、好きな花を育てたい、健康のために農園通いを

表7　萩台市民農園の年間行事（平成19年度）
（主催は千草台園芸サークル）

2月末	千草台園芸サークル総会
4月下旬	共同購入苗の配布
6月上旬	農園利用品評会（畑の利用状況を審査）
7月上旬	春夏作収穫物品評会
7月下旬	ソーメンを食べる会
10月下旬	農園利用品評会
11月下旬	秋作収穫物品評会，収穫祭
12月中～下旬	餅つきパーティー
1月上旬	七草がゆ＆鏡開きの会
2月	バスツアー

随時行なうもの

- 常任幹事会，幹事会
- 農園主とサークルの連絡調整，農園管理
- 班会議，班活動
- 区画の管理，利用調整，指導
- 草木灰をつくる日
- 千葉県市民農園協会の研修会等への参加

したい、仲間を求めたい、などと実に多様な直接的な目的を持っています。

市民農園が近くに存在するだけでも、機能や役割や効果が見えてきます。市民農園が多くの人々の住む地域空間の中や近くにあることで、たくさんの大きな意味をもたらします。したがって、市民農園を利用するには、なじみやすく、楽しくあり、永続的で、活気があり、前向きであることが望まれます。

そのようなお膳立てがさまざまなイベントです。イベントが多ければ多いほど、百人百色の人々がお互いに関わりを持ち、人と人が多彩な輪でつながっていきます。しかし、行事が多くなればなるほど、イベントに費やす労力も大きくなっていきます。組織に準備や経験がないうちからたくさんのイベントを抱え込んだら、それは苦痛に変わるでしょう。無理をせず少しずつ増やし、息長く楽しめるような取り組みへと工夫しましょう。

初年度は栽培技術講習会

開園初年目にふさわしいイベントは、栽培技術講習会です。開園式を祝った後の春作と秋作の早い時期に講習会を行ない、初年度から収穫を楽しめるように誘導します。その一方で、集まることで、何かしたいという動機づけを行なっていきます。千草台園芸サークルの場合は、地域の農業改良普及員に講師を要請し、耕し方、施肥、種まきというもっとも基本的な作業の指導からスタートしました。その後、春の野菜づくり、秋の野菜づくり、土づくり、病害虫対策、収穫と、回を重ねるごとに内容を深めていきました。

また、初年度は利用者組織を整えていきます。利用者が増え、知り合う中で役員に適した人に声をかけたり、二年目に行なうイベントを一つか二つ程度考え出していきましょう。

二年目になって慣れてきたら品評会

二年目からの行事は、品評会や収穫祭などがよいでしょう。それぞれの収穫物（作品）を持ち寄り、集まった人々の投票で審査をしたり、成功のコツを考えたり、失敗の原因を反省したりすると、次の栽

夏の品評会。野菜たちの前でみんなで歌い，踊る

培への自信につながります。また、秋の品評会の後は収穫祭、農園でとれた野菜を使い〝イモ煮会〟を楽しみます。それは、市民農園活動に大きな活力を与えていきます。

萩台市民農園では、夏（七月）と秋（十一月）の年二回、品評会を行なっています。当日は朝からテントを張り、テントの下に番号札を置いていきます。利用者は、自分の畑の自慢の収穫物をきれいにして番号札のところに順に置いていきます。集まった人は一人一〇票を持ち、気に入った野菜の番号を紙に書いて提出します。もっとも得票が高かったものが優勝です。コンテストのあと、一つひとつの野菜はその場でオークションにかけられ、利用者に分けられます。熱心な人は、この品評会に最高の野菜を出せるように、作付け時期を工夫し、肥料を工夫するなどこだわりの栽培をしています。品評会は、利用者の技術の向上と伝達、利用者どうしの交流に大きな役割を果たしています。

イベントのアイデアは利用者から出てくる

それぞれのイベントを初めて行なうときは、基本的には手探りの初体験といってよいでしょう。まだ行なったことのないイベントの段取りを決め、それに従って準備を進めることは多くの人は手間がかかると感じています。市民農園の管理運営が始まり、軌道に乗るまでの気を使う時期に、そのような初体験イベントをいくつも抱えると、役員たちは大きな負担感を感じます。しかし何事も一度体験すると、次からはあまり負担感を感じずに取り組めるようになっていきます。むしろ一度の体験と成功が気持ちにゆとりと積極性をもたらし、新たなイベントへのチャレンジを誘発していきます。このようなことから、開園一～二年目は農園の管理運営を軌道に乗せることに力を注ぎ、利用者の楽しい野菜や花の栽培を支えたり、それへの意欲をかき立てるようなイベントを一つひとつゆっくり増やしていくような取り組みがよいでしょう。

農園のイベントでは子どもたちがかまど炊きを学ぶ

　開園から数年が過ぎて、いくつかのイベントがスムーズに動いている状況になってくると、利用者は新しいことへの意欲を示すようになり、百人百色の人々からいろいろなアイデアが出てくるようになります。このアイデアをうまくとらえて、従来の行事を改善して新鮮味を加えたり、新しいイベントを組んだりしていきます。

　萩台市民農園の場合、お餅つきのような家族ぐるみで参加できるものや、夏のひとときを畑の日陰で過ごす納涼昼食会（ソーメンを食べる会）、趣味を活かした草木染めの集いなど、農園空間や人の集まりを活かした多彩なものが考えられました。さらに、農園での経験や交流をベースに、他の農園を訪問したり、バスツアーを行なったり、外部の行事に参加したりして、市民農園ガーデニングを核にした充実した生活が無限に広がっています。

こうしたイベントが盛り上がることは市民農園が良好に長続きする大きな力となります。ぜひ園主である農家も一緒になって取り組み、交流を深めていただきたいと思います。

園主である農家にとっても、これらのイベントを一緒になって楽しみ、本業の農作業にも利用者に参加してもらいながら交流を深めることも可能です。たとえば、静岡県のヒラオカ楽農園では、ミカン園の一部が市民農園になったことから、一部にミカン樹付きの区画があったり、利用者がつくっている雑木林の会が果樹園周辺環境の整備に取り組んだり、さまざまな活動と交流をしています。千葉県の市川市の市民農園では、園主の本業である梨の受粉作業に利用者が参加しています。

5 利用者どうしのコミュニケーションを進める

園主と利用者組織代表は密に連絡を

開設した市民農園をスムーズに運営していくには、園主の望んでいることが利用者によく伝わり、利用者が希望していることがスムーズに園主に伝わっていくことが大切です。そのためには利用者組織をつくり、園主一に対して利用者一の和やかな関係が維持されることがポイントです。そして、園主と利用者組織の代表は定期的に連絡をとり合い、農園内で何かあればすぐに連絡をとるなど、いつも緊密にコミュニケーションを維持するようにします。このようになれば、その市民農園は非常に安定したものになります。

ベテラン利用者はビギナー利用者の先生に

入園利用方式の市民農園では、基本的に利用年数の上限を設けません。そのため、年数が経つにつれて、農家顔負けの〝つくり上手〟が出てきます。新しく入ってきた人には、このベテラン利用者が農園利用や栽培の指導をしてあげるとよいでしょう（萩台市民農園では自然にまわりの人が初心者に気づかっています）。外部講師による講習会と違い、仲間たちが教えてくれるので、都合のよいときに、教わる側の理解にあわせて〝講習〟を進めてくれるので、大きな効果が得られます。

ベテラン利用者がキュウリの支柱立てを伝授

萩台市民農園では、初心者が安心して利用をすすめていくためにもうひとつ工夫していることがあります。利用者の中に、初心者の知り合いがいれば、なるべくお互いの区画が近くなるように配置しているのです。知り合いに教えてもらうことは何よりも安心です。萩台市民農園は、利用者の紹介によって新しい人が入ってくることが多いので、このパターンは定着しており、皆長続きしていきます。

利用者どうしの問題には役員が入る

百人百色の市民農園は社会の縮図のようなものです。利用者どうしの交流が活発な農園はとてもよいものですが、反面、コミュニケーションが十分できなかったり、組織メンバーになるのが不得手だったりする人には居心地がよくないこともあるかもしれません。長い年月の中では、ルールを破ったり、他の利用者に迷惑をかけたりするような人が出てくることもあります。

利用者の間でこのような違和感やトラブルの気配が出てきた場合は、早めに役員が事実を把握し、当事者と役員がじっくりと話し合います。なじみにくい人には役員がまわりの区画の人との仲介役をしてあげ、問題行動のある人には自らの意思により改善するようにすすめます。改善が見られない場合は、自らなじめるところに移ってもらうように促すことも必要です。

ミニサークルのすすめ

入園利用方式の市民農園だからといっても、利用者組織のない市民農園が圧倒的に多く存在するのが現実です。また、規模の大きい市民農園ではせっかく利用者組織がありながら、まとまりがなくなってしまう場合があります。このような場合には、緩やかな利用者組織、あるいは大勢の会員に限定した行事しか行なわない組織などを大きな外枠の組織とし、ある程度限定された目的や活動をする、やりたい人だけで集まる内部組織として、ミニサークルのようなものをつくっていくことが効果的です。萩台市民農園の利用者組織、千草台園芸サークルでは、これまでにゴルフグループ、カラオケグループ、ソフトボールの会、料理講習グループ、花いっぱい運動の会などさまざまミニサークルが次々と生まれ、休止したり、また動き出したりしながらも全体として活発に活動しています。静岡県のヒラオカ楽農園は利用者組織はありませんが、園主の声かけによって雑木林の会、ベリーベリーの会という組織をつくり、活動そのものとしても園主と利用者の交流にも大きな成果をあげています。

園主と和やかな関係が続いていく利用者組織は、利用者どうしも全体として和やかに、活発にコミュニケーションを図っています。都市地域の日常型の市民農園では、一つの区画が三〇〜五〇㎡と狭い空間ですので、お隣の区画利用者どうしが農園に居合わせると、普通の大きさの声で、作業をしながらでも会話をすることが可能です。少し大きな声を出せば、数区画離れた人とも会話ができます。会話しやすい環境の中で同じガーデニングをしているどうし、ぜひ、日常的に声をかけ合い、情報交換も積極的に行ないましょう。それが、野菜づくりやお花栽培を発展させますし、友をつくり友の和を広げていきます。それが利用者組織のまとまりをつくっていきますし、出会いの中から見出していくさまざまな楽しみ方や積極的な試みを実現していきます。

このようにして利用者どうしのコミュニケーションが深まっていけば、利用者組織はスムーズに動き、園主は安心して多くのことを利用者組織に頼みながら、お互いに楽しい管理運営を進められるようになります。長く入園利用しているベテランはその蓄積を活かして農園をリードしていくようになりますし、新人はフレッシュ感覚で新しい動きを提示してくれます。この両者の調和が、地に着いた組織と活動の着実な成長を促します。

6 苗や資材のあっせん

市民農園の立地は、農業協同組合が開設したものを除けば、苗や資材などを調達するのに不便なところがほとんどです。この点をフォローしていくと利用者は楽になります。

苗は破損しやすいものがあり、キュウリの苗などは、遠く離れたガーデンセンターや園芸店などで購

共同購入苗を分ける

入し農園まで運んでくる途中で、何本かをだめにしてしまうというようなことがときどきあります。また、植え付けた苗から病気や害虫が発生したり、お花屋さんの店頭でたまたま売っていた野菜苗を買ってきたところ、あまり成長しないうちに花が咲いて収穫できなかったり、週末ガーデニングのために少し時期遅れで購入してしまい、徒長した苗しか手に入らなかったという例をよく聞きます。

また、堆肥や石灰などの土壌改良剤や肥料などは重量があり、車で運べる人はよいですが、自転車や徒歩で農園通いをする人々にとって、その運搬はたいへんです。しかも市民農園利用者は、年とともに高齢化していきます。二〇kgもの堆肥袋を遠くから運んでくるのは重労働であり、健康のために行なっている市民農園で腰を痛めるようなことは起こしたくありません。

入園利用方式の場合の園主は基本的には農家です。農家なら農業協同組合の組合員であったり、園芸資材の業者と取引がある方が多いと思います。また、親戚や知人が園芸店であることもあります。このような利点を活かし、苗や資材を市民農園の中で購入できるようにするのも効果的な対応です。萩台市民農園では、苗・資材の共同購入を行ない非常に好評を得ています。

萩台市民農園では、農園の一角にあるビニールハウスに堆肥を置いて販売しています（盗難のおそれもあるので普段は鍵をかけて保管）。また、苗は、あらかじめ利用者の希望の野菜の苗数を取りまとめておいてもらい、苗生産を行なう農家などに頼み、共同購入しています。そして農園には、二輪車か一輪車の運搬車を常備しておきます。利用者は農園の中で苗や資材を購入して自分の区画に運搬車を転がして運べば、破損もなく、腰を痛めることもなく、安心して楽に作業ができます。

苗を定植して栽培する野菜には、トマト、キュウリ、ナス、ピーマン、トウガラシ、キャベツ、ブロッコリー、カリフラワー、ハクサイ、ネギ、タマネギなどがあります。この中で、トマト、キュウリ、ナス、ピーマン、タマネギなどはよい苗を購入するようにします。ただし、安い堆肥や苗を目玉商品として販売しているような、園芸相談員のいないようなガーデンセンターで求めるのは好ましくありません。

　直まきでも定植でもよい種類もあります。中にはエダマメなどのように直まきのほうがよいが鳥害を防ぐために移植するものもあります。

　長く続いている市民農園では、苗づくりから育てるのが好きで上手な人がいるものです。このような人の力を活用するのも農園運営の妙味です。市民農園は人材の宝庫です。苗づくりの達人や栽培管理の教え上手や利用者たちの心を高揚してくれる人、組織運営がお手のものという人など多彩です。これらの人々が元気に活躍していけるように運営していきましょう。

7 農園の社会的評価を高める

市民農園活動を持続的なものにするために

一般に、どんなことでもまわりからよい評価を受けるものは長続きします。その評価がさらに広い範囲から得られればなおさらです。市民農園でも例外ではありません。

　まず、その市民農園が存在する地域でよい評価を受ければ、周囲の人々はその活動を温かく見守り、

萩台市民農園を見学する学生

その市民農園を手本にして開設する人も出てきます。そして地域の支持は園主や利用者の気持ちを高揚させ、運営や活動も安定していきます。そのような姿はさらに広い地域から関心を持たれるようになり、外部からの評価が高まれば高まるほど、園主は自らの行動、経営に自信を持ち、やむをえない事情が発生しない限り長く続ける意志も生まれます。よい循環は力をつけていきます。

三五年間も市民農園の管理・運営を含めた活動をしている千草台園芸サークルは、住宅団地に隣接した集落の農家とその団地の住民が協働して市民農園に取り組み、団地の中で高く評価されました（当初の農園は斉藤レジャー農園）。園主の取り組みは、周辺農家が関心を集めるところとなり、さらには行政機関も注目し、新たな市民農園もいくつか誕生しました。運営する斉藤レジャー農園を見学する人々は遠く離れた県の農業者にまで広がり、その管理運営方式は全国の農業協同組合の研修会にも使われました。ここまでくると非常に安定してきます。当初は市街化区域内に開設された斉藤レジャー農園は、生産緑地法の改正を機に継続が困難になりましたが、園主が住む集落に隣接した市街化調整区域に、サークルと新旧の園主の相談でスムーズに農園を移転させて新たに萩台市民農園をつくり、市民農園活動を継続してきました。

ヨーロッパの市民農園は公有地が使われており、都市緑地に位置づけられているため（ドイツでは永久緑地）、社会的にも市民農園は永続性の高い位置づけがされています。公的な計画により市民農園を閉鎖しなければならなくなった場合は、代替の土地を用意し、市民農園を移転させます。しかし日本の場合は、私有地である農地を使っているため、その存続は個々の農家の考え方や努力に委ねられます。したがって、市民農園の永続性は、努力している農家がどれだけ評価されるか（報われるか）、まわりがどれだけそれを支持し維持に協力するか、利用者がどれだけ理解し協力していくかにかかってきます。周囲から評価されるきちんとした管理を、園主と利用者が協力して初年度から地道に続けていくことが第一です。

また、市民農園活動は余裕が出てきたら、その活動の成果を外部に伝え、外部からの評価を得るような努力をすることも望まれます。利用者の中にパソコンが得意な方がいれば、ぜひホームページを開設し、農園のようすを紹介するとよいでしょう。

2007年，日本も市民農園国際連盟組織に加入調印

市民農園のネットワークの一員になる

個々に分散している市民農園が、単独で運営しているだけでは、ノウハウもなかなか発展していきません。しかし、市民農園どうしが交流していけば、多くのノウハウを共有できるようになります。周囲の異なった団体との交流・連携は、お互いの活動の幅を広げ、それぞれの活動を外部に伝え、より大きな力を発揮する原動力になります。それは市民農園の永続・発展のために望まれます。

市民農園を開設したら、まずは日本市民農園連合への加入をおすすめします。また、地域によっては県域の市民農園協会もあるので、そちらに加入することもできます。

世界の市民農園先進地域であるヨーロッパでは、一八〇〇年代後半から市民農園利用者の組織化が進み、一九〇〇年前後には国段階の市民農園協会が各国で誕生し、一九二六年には市民農園国際連盟組織がつくられています。日本の場合は、一九二四年に最初の市民農園が誕生しながら、二四年後には消滅しました。さらに二〇年の空白の後に、今に続く市民農園が誕生しましたが、全国組織の誕生はさらに二〇年後になります。それからさらに一八年経過した二〇〇七年三月にようやく日本市民農園連合が市民農園国際連盟組織に仲間入りしました。

日本全国の市民農園数は、法律に基づき開設している三〇〇〇園あまりに、農家が主体的に取り組む入園利用方式のものを加えると、全国で一万園を超えると推定されるほどになりました。ただ惜しいことに、市民農園どうしの連携はあまりとれていないのが現実です。確かに、それぞれの農園が楽しく運営できていればそれで十分かもしれませんが、世論として市民農園の持つ多面的な価値が広く認められているとはいえず、農家の相続税の問題も一部には理解のすすんでないところもあります。

これからは、市民農園どうしが広くさまざまな開設方法、運営方法のノウハウを共有し、お互いの市民農園をさらによくしていきながら、社会的な評価をも高めていく必要があります。ぜひ、市民農園を開設したら、日本市民農園連合へ加入してください。市民農園づくりに精通している役員が多くいるので、開設前でも、アドバイザーとしてあなたの農園の開設をサポートすることもできます。

第4章

農園区画を楽しく利用するコツ

――利用指導のポイント

農家は楽をして、利用者はしっかりと楽しめる市民農園をつくるという視点で、第1章から第3章までは、入園利用方式による市民農園を開設し、運営する方法などを述べてきました。この最後の章では、利用者が自分の区画を楽しく利用していくためのいくつかのポイントを取りあげました。

狭い区画を有効利用するには工夫が必要

市民農園の一区画は、平均的には三〇㎡（五m×六m）程度の広さです。この狭い空間を十分に楽しむために、いろいろと工夫します。たとえば、どのウネにも均等に日が当たるように、ウネはできれば南北の方向につくります。ウネ幅は六〇cm程度、ウネとウネの間の通路は四〇cm程度にし、合わせて一m程度のウネ間にします。一ウネあるいは半ウネ単位で作付ける種類・品種を決め、それを後に述べる輪作に組んで栽培していきます。このようにすると五m×六mの区画で五mの長さのウネを六本つくり六～一二種類の野菜を作付けることができます。春夏作と秋作あわせると、一年一作のものが二種類ぐらい入っても一〇～二〇種類ぐらい栽培できます。

ただし、ツルが伸びて広い面積を覆ってしまうサツマイモやカボチャは避けるようにします。あるいはサツマイモは区画の端のほうの半ウネ程度を使い、ツルの管理に気をつけます。カボチャは、手のひらに乗る程度の大きさのミニ品種を、支柱を組んで上に伸ばして栽培するとよいでしょう。ニラなど場所をとらない野菜は区画と通路の境に植えるのもよいでしょう。また、野菜によっては草丈の高いものや低いもの、日当たりを好むもの、日陰でもよいものがあるのでそれらを考慮して、作付け配置を決めていきます。

なお、利用者の好みもさまざまで、ホウレンソウなどの軟弱野菜やミニキャロット、小カブなどの小ぶりの野菜を数多くつくるのが好きな人もいます。これも一つの楽しみ方です。これは密植派といえます。この場合は、図のように、ウネをつくるよりも区画全体をいくつかのブロックに分けて植え床をつくっていき、株間も狭くします。

それとは対照的に、大きなものを好む人もいます。

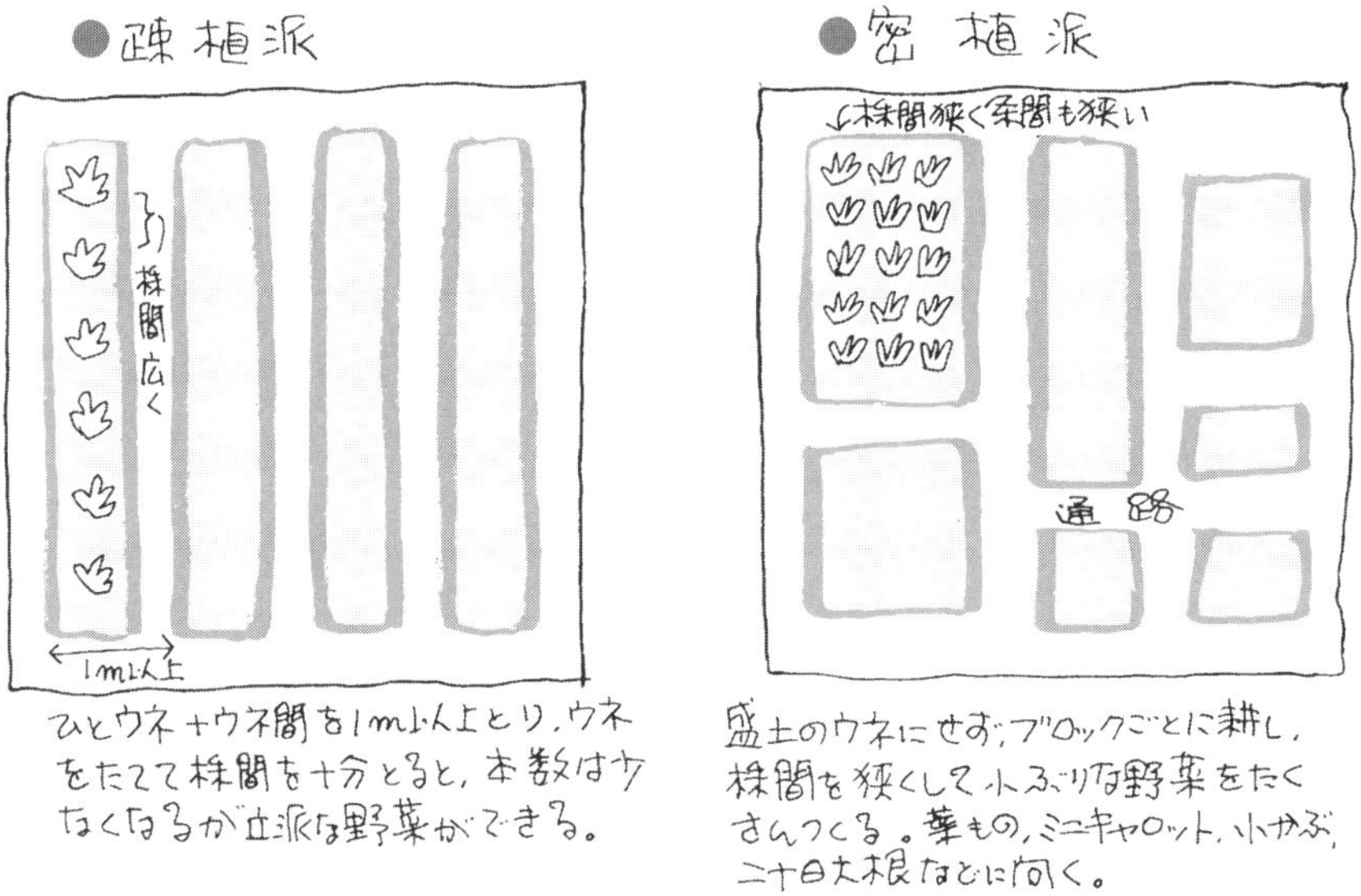
●疎植派
株間広く
1m以上
ひとウネ＋ウネ間を1m以上とり，ウネをたてて株間を十分とると，本数は少なくなるが立派な野菜ができる。
●密植派
↓株間狭く条間も狭い
通路
盛土のウネにせず，ブロックごとに耕し，株間を狭くして小ぶりな野菜をたくさんつくる。葉もの，ミニキャロット，小かぶ，二十日大根などに向く。

あなたは疎植派？　密植派？

この場合はウネを広めにつくり、株間もゆったりととります。そして、おふくろダイコンやサトイモなど大ぶりの野菜をつくります。こちらは疎植派といえます。

この密植派と疎植派にはどちらにも長所・短所があります。前者は雑草が小さいうちにていねいに除草しないと、野菜が雑草に負けます。間引きもこまめに行ないていねいな管理を行ないます。肥料はひかえめにします。収穫もどちらかというと早めに行ない、年に何回も作付けします。一口サイズの柔らかい野菜ができておいしいですが、品評会に出しても入賞はしないでしょう。

後者の場合は、野菜の根が十分に張るように、深めに耕し、肥料も多めに施用します。生育初期のときに雑草に負けないように除草しておけば大きく育ってくると除草管理は楽になってきます。ウネ数・株数も少なくなるので、栽培する野菜の種類や株数は少なくなります。しかし、とれた野菜の一つひとつがボリューム感があります。多くの人は、これらの中間であったり、双方のミックスであったりします。

栽培の基本は土づくりと輪作体系

耕すという作業の目的は、作物たちにとって育ちやすい土壌環境を維持し、高めていくということです。まずは、育てる作物が健康な根を十分に張り、土の中の栄養分をスムーズに吸収できるように、土づくりを行ないます。一二月の寒い時期や七～八月の暑い時期の空いたウネに、腐葉土や堆肥を入れてよく耕します。また、この時期に苦土石灰などを施用して、土壌の酸度調整も行なっておきます。これは一年ごとに行ないます。このようにして、栽培を続けながら時間をかけて土づくりを行なっていきます。堆肥の量は一㎡あたり一～二kgを目安に作物によって調整します。たとえばトウモロコシのように肥料分を多く吸収するものに対しては多く施用し、エダマメなどはひかえめにします。

同じウネに同じ種類の野菜を栽培し続けると、土壌中の養分バランス、とくに微量要素のバランスが崩れたり、病原菌や害虫の生息密度が高くなった

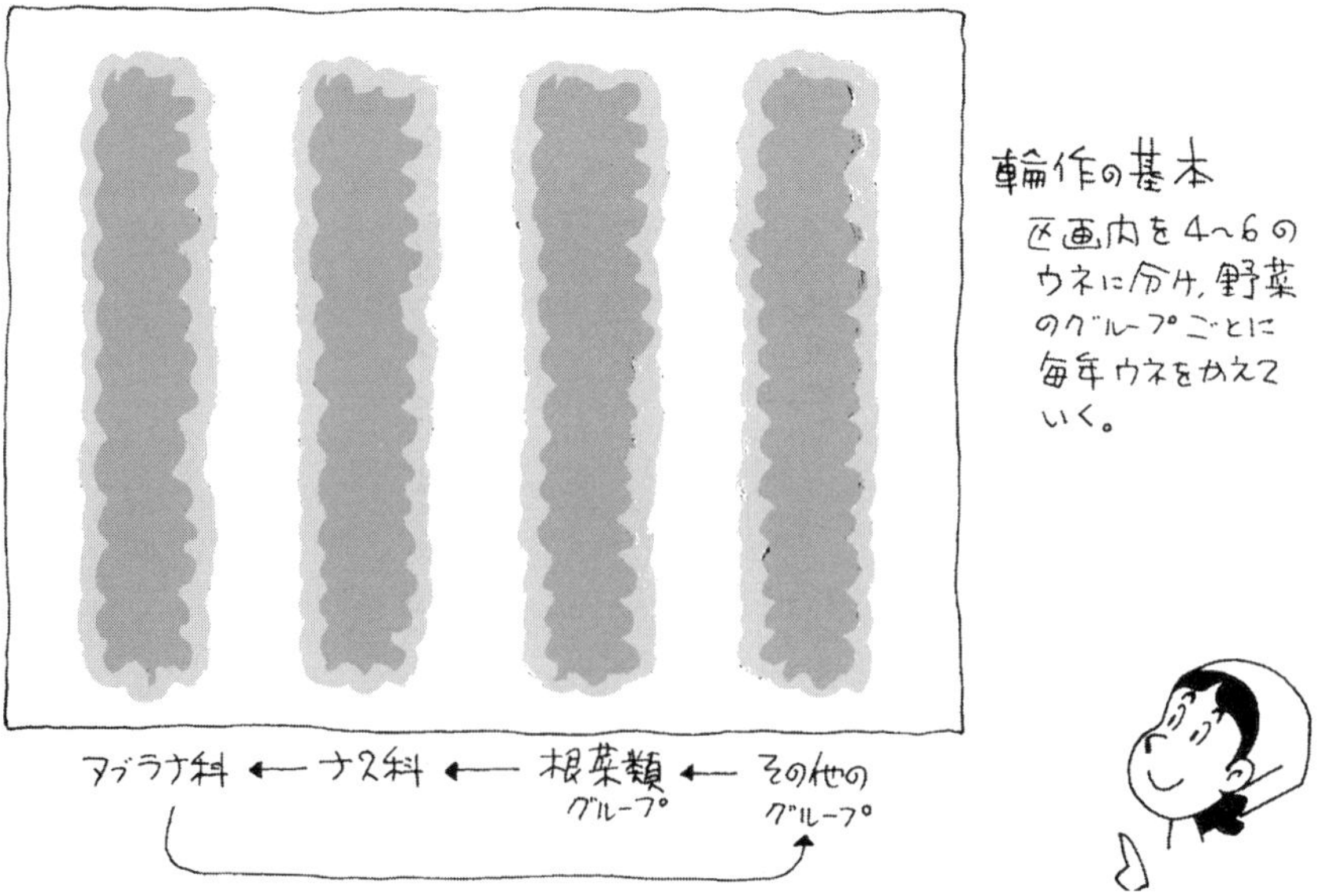

輪作で連作障害を起こさない

り、根から出される有害物質が蓄積されたりして、いわゆる連作障害を起こします。これを避けるためには、アブラナ科のグループ、ナス科のグループ、根菜類グループ、その他のグループの四グループに野菜の種類をグループ分けし、同じグループの野菜を二年連続で同じウネに作付けしないように、また、できればナス科のグループが隣り合わせにならないように植え付けていきます。いわゆる輪作です。

　この土づくりと輪作を組み合わせ、ときどき、マリーゴールドのアフリカントール（センチュウ予防効果の

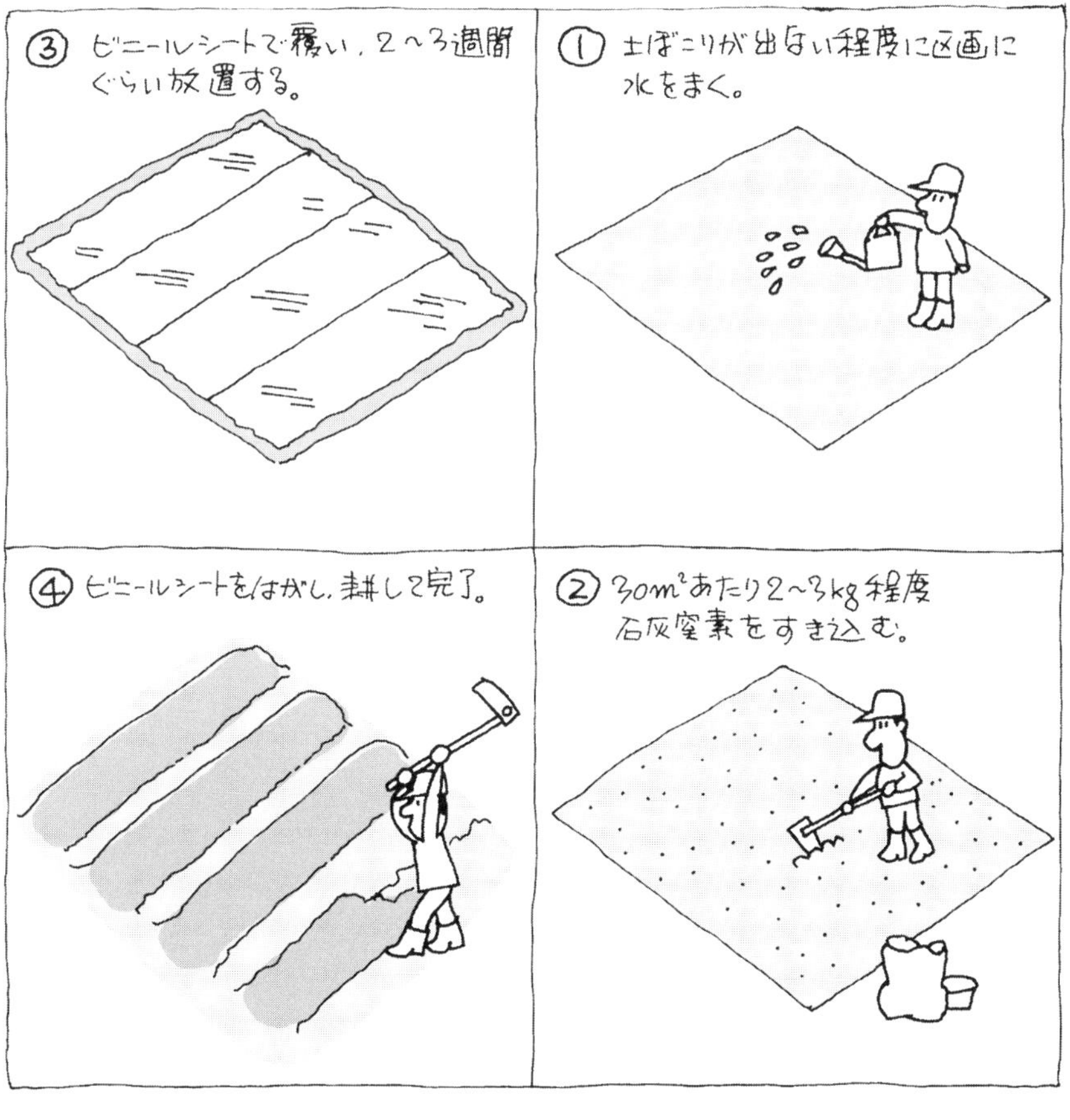
①土ぼこりが出ない程度に区画に水をまく。
②30㎡あたり2〜3kg程度石灰窒素をすき込む。
③ビニールシートで覆い、2〜3週間ぐらい放置する。
④ビニールシートをはがし、耕して完了。

石灰窒素を使った土壌消毒方法

高い品種）を株間に植えつけ、それを細かくしながらすきこんだり、何年かに一度夏の暑い時期に石灰窒素を施用して、土壌センチュウや土壌病原菌を防除する土壌消毒を行ないます。萩台市民農園ではこのようにして一五年も安定した野菜栽培をしている人たちが多くいます。

イギリスのヨーク市で行なわれた市民農園国際会議に参加したときのことですが、市民農園見学をしたときに、ロンドン大学のウィルトシャー博士から一冊のベジタブル・ジョッター（野菜覚書）という本をいただきました。表紙を開けると最初に目に飛び込んできたのは、ローテーション（輪作）という言葉でした。そしてに土づくりや市民農園の野菜づくりの基本が体系的に述べられ、その後に個々の野菜ごとに書き込み欄がついた栽培方法のページが続いていました。なかなかよくできたガイドブックでした。各国には、「市民農園」という雑誌がありますが、栽培に関する記事が多く、栽培指導の冊子も出ているようです。長い歴史を持つヨーロッパの市民農園ではこのような栽培指導がいきわたっているように感じられました。

草とりは最低限のルール

土づくりおよび輪作とともにしっかりと行なっておかなければならない作業は、〝草とり〟です。区画内や区画の近くに雑草が生え、花をつければ、そのタネが飛んで雑草が増え始めます。雑草が繁茂した空間は、病原菌や害虫の生息空間になります。農家では、お互いに隣接した相手の畑側のチョッと手が届く範囲まで草むしりをして、雑草の種の飛散や病害虫の繁殖を防ぎ、美畑を守ってきたということを聞いたことがあります。したがって、除草はこまめにやる必要があります。自分の区画内はもちろん、区画に接した通路の除草、隣接する区画との境界の外側に接した部分まで労を惜しまずに草とりを行なっていけば、農園はよい状態で管理できます。

この除草を怠ったためにトラブルになったということがあります。除草を行なわないために、野菜が雑草の間から顔を出しているような状態になり、エノコログサ（ネコジャラシ）やタデなどが区画の境

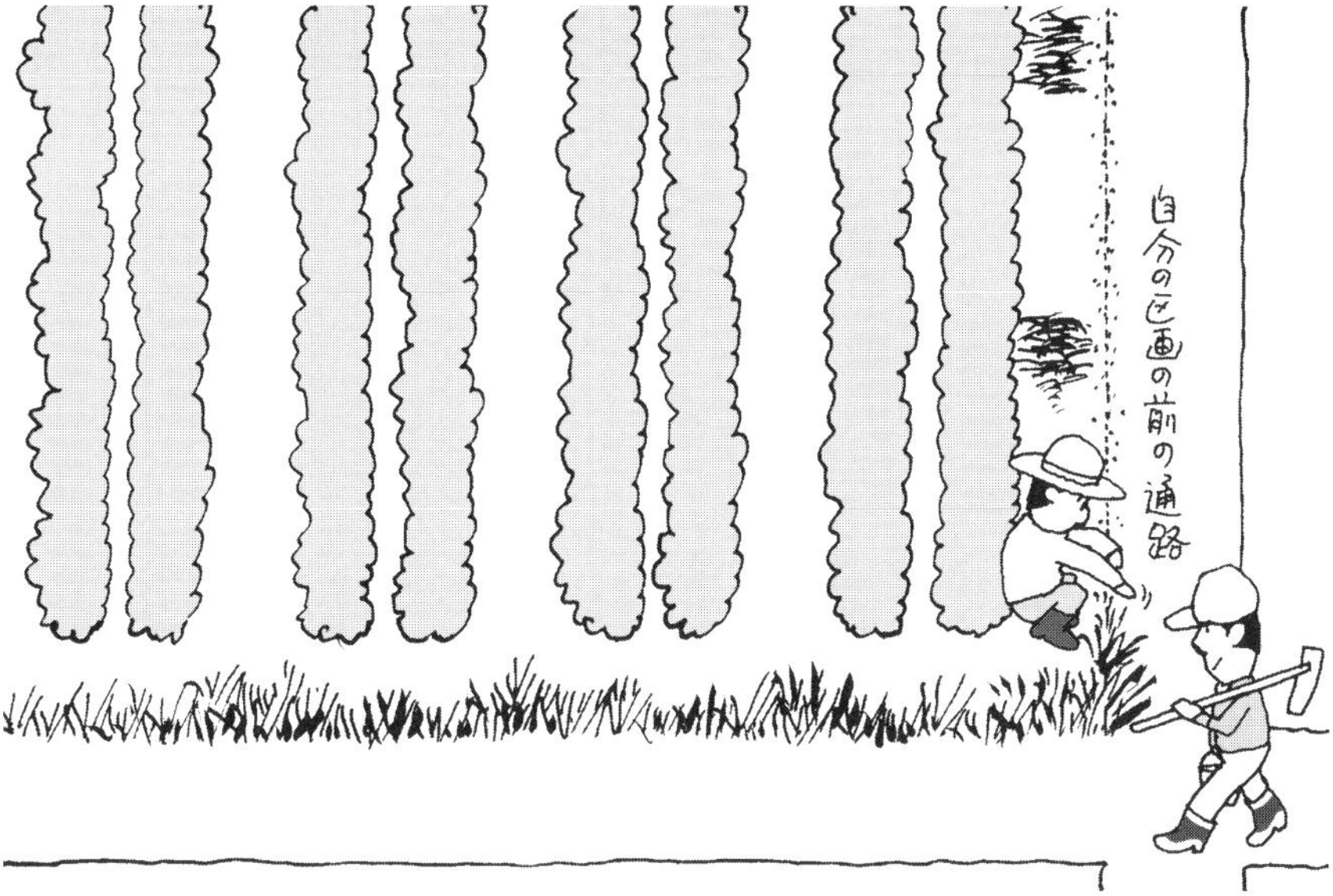

自分の区画はもちろん，区画に面した通路も草とり

界を越えて葉を伸ばし、ヤブガラシやメヒシバ、カタバミなどが進入したり、たまにきて抜いた雑草を区画境界に接するようにうず高く積み上げて放置し、虫たちの巣にしているような区画があったりします。その結果としてお隣どうしが争い、口もきかない関係になったりします。このようなことでは、市民農園を利用する資格はありません。利用期間が実質的に短く、自分の区画に愛着をもてないような市民農園ではよくあることなので、園主は管理・運営に工夫をしなければなりません。

農薬を使うときは細心の注意を

隣り合う人々の間のトラブルは、雑草問題だけではありません。その一つに農薬使用の問題がありまず。無農薬宣言をしている農園では、農薬を使用した段階で、その利用者の利用を禁止すればすみますが、多くの農園では、できるだけ使わない（少農薬）という自主規制の立場をとっています。ところが、利用者間のつながりを持たないような農園においては、まれに、除草剤でも殺虫剤・殺菌剤でも平気な

表8　無農薬栽培のいろいろな工夫

・堆肥を毎年入れ，よい土をつくる
・輪作を行ない，同じ野菜を同じ場所で連作しない
・コンパニオンプランツを活用する
・早期発見して害虫・病気の部位を手でとる
・株間を広くとって風通しをよくする
・雑草は風通しを悪くし，病害虫の発生源となるのでこまめにとる

顔をしてまく人がいます。そのような人は、自分がたくさんとれればよいという考えで、農薬が隣に飛散しても平気な顔をしています。収穫直前のトマトやキュウリ、レタスなどにこの農薬がかかったらたいへんなことです。

農的ライフを楽しみ、食育の場でもある市民農園では、まず基本的に農薬は使わない方針を持ったほうがよいでしょう。風通しをよくし、窒素過多にしない、土づくりをして丈夫な野菜をつくる、輪作を行なう、コンパニオンプランツ（共生作物）を活用するなど、栽培の工夫で病害虫の被害を最小限にとどめます。少々の害虫や病気は手でとることで被害を少なくできます。もし使用するとしたら、収穫前ではなく、できれば定植時などの生育初期までとするほうが安全性を考えるとよいでしょう。必要最小限度の回数に抑え、他の作物などにかからないように小範囲に使用します。風が強くて農薬の飛散が起こってしまいそうな日の散布も避けるようにしたほうがいいでしょう。これはお隣のためばかりでなく自分自身のためでもあります。雑草も病害虫の発生源になる場合があるので、草とりもしっかり行ないます。

隣接区画の日当たりを悪くしない

その他にも北側のぎりぎりいっぱいのところに背の高い作物を植えるとその北隣の区画は日陰になり、やはり迷惑なことになります。また、丈の高い作物は隣接区画の境界から間隔をあけて、隣に日陰をつくらないように配慮します。ツル性の作物が隣の区画に侵入して、背の低い作物の日当たりをさえぎることもあります。ツル性のものは、あらかじめ支柱を組んで立体仕立てにするのもよいでしょう。

ガーデニングの経験を積んでくると、春先や秋から冬にかけてトンネルなどをつくりたくなります。この場合にも、狭い区画なので高さに気をつけ隣接区画に日陰ができないようにします。原則として、滞在型市民農園の小屋を除くと区画内に建造物をつくることは禁止されています。簡易なビニールハウスをつくるときでも、周囲に配慮するとともに、その市民農園の管理運営者と十分に協議するようにします。

区画の隅に背の高い野菜を植えると，日照権の侵害に

この他にも、お隣の存在をまったく無視した無神経な行為によってトラブルが発生します。市民農園は、多くの人々が境を接して利用する栽培空間です。社会の縮図のような多彩な人々が集う共有するガーデニング空間でありコミュニティ空間です。隣り合う人たちと和やかにお付き合いすることによって楽しさを増し豊かなガーデニング生活が実現します。そのためにはこのようなトラブルを避けていくことが第一で、これはいくら強調してもしすぎるということはありません。

ときには例外も認める柔軟さを

地域によって大きな差があるものの、市民農園利用希望者の数は市民農園の開設区画数にくらべると圧倒的に多い状況にあります。それだけに、せっかく利用できるようになった利用者にはさまざまな楽しみを十分に味わい、市民農園ガーデニングを長く続けていただきたいものです。そのためにはさまざまな工夫をしてもらうことも大事です。

たとえば、密植派になって自分の区画を大きな箱庭にし、小宇宙を楽しむのもよいでしょう。疎植派、こだわり派になって、農家顔負けの大きく立派な野菜をつくるのもよいでしょう。一面の野菜区画の中

ドイツの市民農園とラウベ

で美しい花園を出現させて利用者の皆さんを喜ばせるのもすばらしいことです。珍しい野菜、新しい種類、海外などの手に入りにくい品種などを育てるのも話題性があり、みんなと楽しめます。コンパニオンプランツの利用にチャレンジするのもおもしろいものです。土と野菜とそれを包む空間を前向きに眺めていると、いろいろな思いつきや工夫が浮かんできます。それらにチャレンジしていくと楽しみも無限に広がっていきます。

今まで述べてきたように、市民農園には理念があり、その利用には基本と原則があります。それらは市民農園の柱となるもので、意識的に守っていかなければなりません。しかし、市民農園の立地条件や社会的環境などから、頑なに守るだけでは不都合が生じたり、発展につながらない場合があります。原則には例外があるといわれます。ときには例外をうまく活用することにより原則がいきいきする場合もあります。

かなり前ですが、市民農園視察ツアーの一行を連れてドイツのケルンに行ったときのことです。ある

日本人が、とあるクラインガルテンの小屋（ラウベ）を見て、「これは泊まることができますね」と聞いたところ、「ラウベは泊まるものではないよ」との答えをそのクラインガルテンの協会長から受けました。きれいな二四㎡の広々としたラウベを見た彼は再度質問をし、「絶対泊まれないのですか」と聞いたところ、その協会長は、「ルールは守るためにあるんだよ。だから泊まることはできないよ。しかし、農園内のクラブハウスでは、結婚の披露宴や洗礼やさまざまなパーティなどが行なわれて、お酒を飲むこともあります。酔っ払って自転車で帰ると車にはねられたりして危険だし、その命は誰が責任を持つんだい？　そんなときは例外を使って、協会長の権限でラウベに泊まらせるんだよ。市民農園の趣旨を活かすためにルールの例外を使うんだよ」と答えていました。

その市民農園は、すっかり人々の生活空間になっており、美しい花、おいしそうな野菜、秋の実りを感じさせる果樹、家族の温もりを感じるラウベの室内などから、至福の園を感じさせられました。お互いが気持ちよく使うためにルールは守るが、ときに柔軟に対応することで、さらに安心して居心地のよい空間としていく。協会長の言葉から、市民農園の運営の秘訣を聞いた思いでした。

入園利用方式の市民農園は、園主と利用者、利用者どうし、利用者と大地・作物が、じっくりゆっくりと付き合いながら、楽しんでつくりあげていくものです。開設者と利用者がよきパートナーとなり、みんなのため、農地のため、地域のため、環境のために〝生活の中の市民農園〟が広く普及していくことを願っています。

参考文献（書名五〇音順）

『アメニティ・デザイン』進士五十八著（学芸出版社、一九九二）
『癒しのガーデニング』近藤まなみ著（創森社、一九九七）
『英国式自然の楽しみ方』中川祐二著（求龍堂、一九九六）
『英国市民農園』リチャード・ウィルトシャー博士他、農村開発企画委員会 編著（農村開発企画委員会、二〇〇一）
『園芸福祉のすすめ』日本園芸福祉普及協会編（創森社、二〇〇二）
『男の道楽一二カ月の週末菜園』高橋保著（講談社、一九九九）
『グリーン・ツーリズム』山崎光博、大島順子、小山善彦著（家の光協会、一九九三）
『市民農園開設の手引き』全国農業協同組合中央会編（農山漁村文化協会、一九九一）
『市民農園開設マニュアル』農林水産省構造改善局農政部農政課市民農園制度研究会編（農政調査会、一九九五）
『新訂 市民農園開設マニュアル』農林水産省構造改善局農政部農政課市民農園制度研究会編（農政調査会、二〇〇五）
『市民農園 クラインガルテンの世界から』全国農業協同組合中央会編製作（農山漁村文化協会、一九八九）
『市民農園―クラインガルテンの提唱―』荏開津典生・津端修一編著（家の光協会、一九八七）
『市民農園整備促進法の解説』窪田武編著（地球社、一九九〇）

『市民農園でまちづくり』全国農業協同組合中央会編（農山漁村文化協会、一九九四）
『市民農園のすすめ』祖田修著（岩波書店、一九九二）
『市民農園のすすめ』千葉県市民農園協会著（創森社、二〇〇四）
『市民農園をはじめよう』全国農業協同組合中央会地域振興部地域振興課編（農林統計協会、一九九七）
『生活の中の市民農園をめざして』廻谷義治著（自費出版、一九九八）
『千草台園芸サークル一〇・一五・二〇・二五・三〇周年記念誌』
『田園環境創造論』笹山登生著（地域交流出版、一九九二）
『都市になぜ農地が必要か』進士五十八著（実教出版、一九九六）
『都市緑化計画論』丸田頼一著（丸善、一九九四）
『日本型クラインガルテン実現へのビジョン』利谷信義、和田照男編（ぎょうせい、一九九四）
『日本農業教育学会誌』（日本農業教育学会）
『農業体験農園の開設と運営』東京都農業体験農園園主会編（全国農業会議所、二〇〇五）
『緑と人がふれあう市民農園』東廉著（家の光協会、一九九一）
『ヨーロッパ・田園と農場の旅』道下弘紀著（東京書籍、一九九八）

参考ホームページ他
・全国農地保有合理化協会ホームページ
http://www.nouchi.or.jp/
・関東農政局ホームページ『平成一七年度関東食料・農業・農村情勢報告 第一部「市民農園の新時代！」』
http://www.maff.go.jp/kanto/kihon/kikaku/jyousei/17jousei/

・農林水産省ホームページ
http://www.maff.go.jp/j/nousin/kouryu/simin_noen/index.html
・『市民農園で緑のまちづくり』（ビデオ作品、二一世紀村づくり塾・全国農業協同組合中央会企画、農山漁村文化協会発売、一九九五）

あとがき

私は萩台市民農園に毎週一〜二回通っています。黙々と区画の管理をしたり、農園全体の管理をしながらサークルの仲間と話していると、何ともいえぬ満ち足りた気持ちになったり、何かわかりませんが次への発展を感じたりすることがあります。農園の休憩所で、野菜の上をわたってくる風のさわやかさを感じながら市道の先の畑や木立ののどかな風景を見ていると、自分のいる場所がまわりを市街化区域に囲まれた、わずか一〇ha足らずの市街化調整区域にあることを忘れてしまいます。そして、何気なく過ごしている市民農園にあらためてたいへんな意義を感じます。

ヨーロッパの市民農園は都市計画の中で緑地に位置づけられ、都市に開設しなくてはならないものとなっています。都市再開発の中で地球環境対策も意識して市民農園がつくられることもあります。もちろん栽培する空間であり、人々が集う空間です。健康に過ごすための空間でもあります。国や都市によっては庭を持たない集合住宅の居住世帯でなければ借りられなかったり、所得の低い人々や高齢者には利用料の減額や免除を行なっていたりします。市民農園は明らかに公共政策です。

わが国では、市民農園は市民のレジャー空間であり、農家にとっては農地保全方法のひとつであるという理解に留まっているため、市町村が取り組む場合はそれぞれの市町村の事情に合わせた政策課題がついてきます。市民農園は、存在するだけで自然とさまざまな機能が発揮され、社会的な役割を果たしていますが、今の市民農園利用はひっそりとバラバラに行なわれているため、正当に評価されず、もったいない感じがします。市民農園用地の所有者である農家・開設者やその利用者が、市民農園活動とその意味を積極的に明らかにし、もっと社会的評価を受けてもよいと思います。そのためには、入園利用方式の市民農園のように、園主と利用者のパートナーシップが十分に機能する管理・運営のノウハウを持ち、市民農園どうしのネットワークをつくっていくことが必要です。そのようなことから、この本を多くの人々にお届けするのが念願です。

一方、市民農園活動を活性化するためには、市民農園のネットワーク化を進め、さまざまなタイプの市民農園の開設や管理運営についてアドバイスし、利用を求めている人々を市民農園に導き、利用を指導できるような実践的な指導者をつくっていくことが重要です。

このため、日本市民農園連合とＮＰＯ千葉県市民農園協会は、他の地域市民農園協会組織と連携して、「市民農園コーディネーター」資格制度を設けました。これは、市民農園全般および野菜・花の栽培などの知識を試験して資格認証を行ない、研修や体験で毎年スキルアップし、高度な人材へと育成していくものです。意欲があれば誰でも取得することができます。資格取得後は、研修などにより資格更新を続けていきます。また、コーディネーターの資質を保障し活動を支援するために、コーディネーターは連合または地域協会の会員になります。このコーディネーターが全国に広がることで、市民農園活動がスムーズに進みます。市民農園コーディネーターの氏名は毎年二月に公表されます。

なお、日本の市民農園活動を代表する組織は「日本市民農園連合」であり、二〇〇七年三月には市民農園国際連盟組織（Office International du Coin de Terre et des Jardins Familiaux 一九二六年設立、事務局：ルクセンブルグ、加盟一五カ国）に加盟しています。その組織および連絡先は、左ページの日本市民農園連合組織図の通りです。

日本市民農園連合組織図（2008 年 3 月現在）

- 日本市民農園連合
  - 事務局：埼玉県さいたま市中央区本町東 4-27-20（〒338-0003）
    事務局長　粕谷芳則方　Tel：090-4754-2136
    http://homepage3.nifty.com/jkg-ken/
  - 千葉事務局：千葉県千葉市稲毛区天台 4-3-3-203（〒263-0016）
    NPO 千葉県市民農園協会内　廻谷義治方
  - 会　　長：廻谷義治　Tel&Fax043-287-2364
  - 事務局長：粕谷芳則
  - 地域市民農園協会団体会員
    - NPO 法人千葉県市民農園協会（理事長：廻谷義治）会員：個人，団体
      千葉県千葉市稲毛区天台 4-3-3-203　廻谷義治方
      http://chiba-allotment-as.cocolog-nifty.com/blog/
    - 恵庭市民農園協会（会長：木佐和美）　会員：個人
      北海道恵庭市恵み野西 5-5-10　木佐和美方
    - 日本市民農園連合静岡県連絡会（会長：平岡薫）　会員：個人
      静岡県静岡市清水区山切 47-5　平岡薫方
    - NPO 法人長崎さんさん 21（理事長：井石八千代）会員：個人，団体
      長崎県長崎市浜口町 1-2　井石八千代方
  - 個人会員　10 会員
  - 団体・企業等会員　5 会員

最後になりましたが、この本は、千草台園芸サークルの三五年間の活動、日本市民農園連合（日本クラインガルテン研究会）および千葉県市民農園協会（千葉県クラインガルテン研究会）の活動と海外の市民農園仲間との交流の中からまとめ上げました。パートナーとして一緒に活動してきた多くの方々に深く感謝を申し上げるとともに、とくに北海道の木佐さん、静岡の平岡さん、連合事務局長の粕谷さん、企画から本になるまでの間、主体的に取り組んでくださった農山漁村文化協会書籍編集部に深く感謝申し上げます。

廻谷　義治

（この本で取りあげた事例についてのお問い合わせは、筆者までお願いします）

付　録

ここでは，著者が開設を支援し，仲間ととも運営してきた「萩台市民農園」と，その利用者組織「千草台園芸サークル」の各種規約，契約書を資料として掲載します。あくまで一例ですので，これを参考にしていただき，あなたの市民農園の実情に合ったものをつくってください。

最後に，「市民農園憲章」を掲載します。これは，日本市民農園連合が，平成19年10月15日に市民農園フォーラムを開催し，そのフォーラムの集約として，参加者とともに協議して定めたものです。同連合は，この憲章の理念の下で，地域市民農園協会及び市民農園関係者等と広く連携を図りながら，我が国の市民農園の組織化と市民農園活動のネットワーク化を進めていくこととしています。市民農園を開設したら，ぜひ日本市民農園連合に加入してください。

■付録もくじ■

1．萩台市民農園の入園利用・千草台園芸サークル活動の参加の原則について

(1) 萩台市民農園の利用形態は入園利用方式です。入園利用者（サークル会員，以下「会員」という。）は，農園経営者の指示に従って入園利用して頂きますが，実際には，管理・運営の一切を，農園経営者の依頼を受けて千草台園芸サークルと会長が行うこととなっておりますので，千草台園芸サークルと会長の指示に従って下さい。

(2) 会員は，農園経営者が指定する（サークル会長が代行指定する）区画を入園利用し，入園利用料領収証の“記”に記載された事項の範囲内で自由に利用できます。

(3) 指定区画の利用に当たっては，隣接する区画に迷惑をかけないように配慮し，他の会員とお互いに協調して利用して下さい。

(4) 各区画に隣接する通路の除草等の管理は，それぞれが行って下さい。

(5) 農園への出入りは，サークルが設置した出入り口を利用して下さい。花壇や柵を越えないで下さい。

(6) 農園の外周は花壇を配置し周囲の農地や住宅との緩衝地帯とし，その管理は環境班が行います。その管理にご協力下さい。なお，この外周花壇の主体的管理を希望する会員は，環境班担当常任幹事にご相談下さい。ご相談の結果に基づいて，花壇の一部の管理を一任致します。この場合，会員の皆様からご批判が出ない様に良好な管理を行って下さい。なお，お任せした部分は区割り表示します。

(7) 農園利用に伴い生じるゴミは持ち帰りを基本として，各自で処分して下さい。野菜くず等の生ゴミは自区画内に埋め込んだり，堆肥づくりの材料にすることができますが，農園利用を中止する予定の方は，中止の半年前以降の埋め込みは行わないで下さい。次の利用に支障が無いようにするのもモラルの一つです。埋め込みや堆肥化できるもの以外は持ち帰り処分してください

(8) 野火は原則として禁止になっていますので，焼却処分はできません。

(9) 野菜かすや小芋を水道の排水管に流しこみ，詰まったままにしますと，農園施設管理に支障を来し，サークルの余分な出費につながりますので，ご注意下さい。

(10) 会員がお互いに楽しく農園利用を行い，他の会員に迷惑をかけない範囲で農園内でアルコール飲料を飲むことは自由ですが，トラブルが生じた場合には飲酒を禁止したり農園利用を中止していただくことがあります。

(11) サークル活動への参加については，農園の維持管理に必要な最小限度の行事には皆様に参加して頂きますが，その他の一般行事への参加は自由です。楽しいサークルとして充実させるため，皆様の自主的で積極的な参加をお願いします。

(12) 市民農園の利用は非営利的利用となりますので，“農園経営者及び受託管理者並びに前者から依頼を受けたもの”以外の者が，農園内で物品の斡旋・販売等の経済行為を実施することは禁止されています。

(13) 萩台市民農園には駐車場はありません。園内広場は原則として駐車禁止です。車で来園する必要のある場合は，用事が済み次第速やかに車を移動して下さい。特に，サークル行事で関係車両が駐車する日は，それ以外の車両の立ち入りはご遠慮願います。

(14) ペット類の園内散歩は，他の人の区画に入る等の迷惑を生み出しますので市民農園では禁止です。

(15) 萩台市民農園を長く続けさせるためには，園主さんが安心して市民農園経営を続けられることが大切です。それには，萩台集落で萩台市民農園を理解し支持してくれることが大切です。そのためには，私たち萩台市民農園利用者が集落の皆様とトラブルを起こさないことが大切です。

(16) 要約しますと，お互いに楽しく農園利用し，農園を長く維持発展させる為に，“自分が迷惑を受けない為に他人に迷惑をかけない。周辺の方達と円満な関係を維持し，良い環境を維持する”ようにお願いします。

付　堆肥場の利用について

かまどと農具小屋の間に堆肥場があります。これは，“市民農園だから循環利用をしたい”と希望している方の申し出により循環利用グループを作りそのグループが管理することとします。そのグループの方々に限って畑の野菜・花の残渣を細かく刻んで指定の日に積み込み，それらの人々が堆肥として活用することにします。

堆肥場やかまどにゴミ等を捨てた人は，退会を求められることがあります。ご注意ください。

2. 千草台園芸サークル規約

（目的）

第1条　農園の経営者から依頼を受け市民農園の設置および運営管理等を行うとともに，市民農園の利用およびコミュニティ活動行事等を行い，市民農園の円滑な利用と人々の交流・親睦を図るため，このサークルを組織する。

（名称）

第2条　このサークルの名称を，「千草台園芸サークル」とする。

（会員）

第3条　このサークルは，市民農園の入園利用を希望しサークルの趣旨に賛同してサークルに入会した会員をもって組織する。

2. このサークルに，必要に応じて幹事会の決定に基づく会友及び準会員を置くことができる。

3. 会友および準会員は，農園の入園利用を除いて，会員に準ずるものとする。

（会員の権利と責務）

第4条　サークルの会員は，この規約およびサークル活動の原則ならびに当該市民農園の入園利用の原則に基づき，サークル活動に自由に参加し，市民農園の指定された区画を自由に入園利用することができる。

2. サークルの会員は，お互いに楽しく市民農園を入園利用しサークル活動に参加できるよう，隣接区画に配意し，市民農園全体の美化等に努めるものとする。

（役員）

第5条　このサークルに，会長・副会長および若干の常任幹事・幹事ならびに3名以内の監事を置く。また，必要に応じて顧問を置くことができる。

2. 会長は幹事を代表し，サークルを統括する。

3. 副会長は会長を補佐し，会長に事故あるときは，これを代行する。

4. 常任幹事は常任幹事会を組織し，サークル運営の全般を担当する。

5. 幹事は幹事会を組織し，サークルの具体的活動を担当する。

6. 監事は，サークルの会計を監査する。

7. 顧問は，サークルの各組織の求めに応じて各種会議に出席し，意見を述べることができる。また，サークルの各種行事に参加することができる。

（役員選出）

第6条　役員は次の各項により選出し決定する。

・会長・副会長は，常任幹事の中から常任幹事会および農園経営者の同意を得た者を，幹事会の議を得て総会に提案し承認を得て決定する。

・常任幹事は，幹事の中から幹事会および常任幹事会の議を得て，総会に提案し承認を得て決定する。

・幹事は，市民農園区画ブロックからの推薦および幹事会・常任幹事会・農園経営者の推薦を受けた者から，幹事会および常任幹事会の議を得て，総会に提案し承認を得て決定する。

・監事は，総会で選出する。

2. 役員の任期は1年とし，再任は妨げない。なお，役員のうち，会計を担当する者のその担当期間は原則として2年を限度とする。

（サークルの組織）

第7条　サークルの活動および市民農園の運営管理を円滑に行うため，サークルに次の組織をおく。組織の運営は，組織分担を原則としつつ，サークルが楽しく活発に活動できるよう，弾力的に行うものとする。

・常任幹事会　常任幹事および会長・副会長で構成し，サークル活動および市民農園の運営管理に関する主要事項を協議するとともに，サークルの総括的事務・対外活動・農園経営者との連絡調整等を担当する。

・幹事会　幹事および常任幹事ならびに会長・副会長で構成し，サークル活動に関する一般事項を協議し，サークルの庶務的事務・サークル全体の調整および各班活動の調整を担当する。

・庶務班　庶務を分担する幹事および常任幹事で構成し，サークル全体の事務・広報および会計ならびに備品資材等の調達手配等を担当する。

・区画管理班　区画管理を担当する幹事および常任幹事で構成し，会員が入園利用する指定区画の利用調整および管理ならびに善良な管理がなされない区画に対する指導等を担当する。

・環境班　市民農園環境を担当する幹事および常任幹事で構成し，必要に応じて会員の協力を得ながら，サークル交流広場・農園縁取り花壇・共用施設備品等の管理ならびに環境の整備を担当する。

・行事班　行事を担当する幹事および常任幹事で構成し，サークルが主催しあるいは参加して行われる各種行事の立案・運営等を担当する。

（会議）

第8条　このサークルの活動を円滑に行うため，総会・常任幹事会・幹事会および班会議を置く。

2. 総会は，サークルの基本的事項を決定するため会長が招集し，委任状を含めた会員の過半数の出席で成立するとともに，出席者の過半数で議事を可決する。

3. 常任幹事会は，サークル運営の全般について協議するため会長が招集し，委任状を含めた常任幹事の過半数で成立する。

4. 幹事会は，サークル運営の具体的な事項を協議するため開催し，その運営については幹事会がこれを定める。

5. 班会議は，各班の具体的活動について協議するため開催し，その運営については班会議がこれを定める。

（活動）

第9条　このサークルは，第1条の目的を達成するため次の活動を行う。

・農園経営者から依頼を受けた市民農園の開設および増設業務。
・農園経営者から依頼を受けた市民農園の入園利用に関する調整等の各種事務。
・農園経営者から依頼を受けた市民農園の各種施設整備業務。
・農園経営者から依頼を受けた市民農園の管理・運営業務。
・市民農園の円滑な入園利用の促進に必要な各種行事の開催。
・サークル会員相互の交流・親睦に必要な各種行事の開催。
・サークル活動の発展に資する各種行事の開催。
・市民農園サークルに係わる各種外部行事への参加。
・その他，常任幹事会・幹事会等で認められた行事・事業・事務。

（会計）

第10条　このサークルの活動に要する経費は，サークル会費およびその他の収入をもって充てることとする。

2. サークル会費は，その内訳を運営費および施設整備費とし，その額は市民農園入園利用料を含めた総額を勘案して定める。その額の決定は，常任幹事会と市民農園経営者の合意に基づき幹事会の議を得て，総会で承認する。

3. サークルの会計は，一般会計および施設整備会計とし，一般会計の収入はサークル会費の内の運営費およびその他の収入を充て，施設整備会計の収

入はサークル会費の内の施設整備費およびその他の収入を充てる。

4. このサークルの会計年度は，当該年の3月から翌年の2月までとする。

（除名処分）

第11条　サークルは，会員が市民農園の管理を怠り，あるいはサークルの名誉を傷つける行為を行ったため，サークルから再三にわたる注意および警告を行った場合，幹事会の決定を得て当該会員を除名することができる。

（その他）

第12条　この規約に定めの無い事項については，必要に応じて別に定める。

（施行）

付則1. この規約は，平成5年2月26日より施行する。

2. この規約の施行をもって，従来の規約は廃止する。

3. この規約は，平成18年2月の会長制移行に伴い一部を改正する。

3. 萩台市民農園入園利用料領収証

平成20年2月24日

　　　　　　　　　　　様

金　6,000円也

平成20年度1区画当たり利用料 9,000円の内，農園入園利用料として上記金額を受領致しました。

萩台市民農園　経営者　○○○○

萩台市民農園及び千草台園芸サークルの設置・運営管理の原則に賛同し，下記の入園利用の原則を遵守することを条件に，あなたの萩台市民農園の入園利用を承認致します。

記

1. “市民農園”の基本
   - いわゆる市民農園とは，一定のルールの下に小面積に区画割りした農地を多数の都市住民等が非営利的に耕作して楽しむものです。この農園の開設方法は，“特定農地貸付法による貸付方式”と“入園利用方式（入園契約方式）”の2つに限られます。
   - “特定農地貸付法による貸付方式”は，市町村・農業協同組合が法律に基づいて開園し，年限を区切って貸付け，原則として開設者が運営管理します。“入園利用方式（入園契約方式）”は，農業者が自ら農業経営として開園し，利用者は農場に入園する対価として入園料を支払います。運営管理は農業者が行いますが，利用者が農業者を様々に支援する形で運営参加することができ，その形態は様々になります。
2. 萩台市民農園は入園利用方式の形態で，千草台園芸サークルが園主の依頼で農園運営管理を全面的に支援し，利用者組織主体型の市民農園としております。従って，園主はこの農園への入園利用の希望および入園後の各種利用調整ならびに入園利用に係わる管理を，千草台園芸サークルに依頼しております。
3. 入園利用者は千草台園芸サークルに入会し，サークルの利用調整のもとで入園利用を行いますので，入園利用者は，農園経営者から依頼を受けた千草

台園芸サークルの指示に従い，指定された区画を善良な管理のもとに入園利用するものとします。

4. 入園利用の期間および時間は，原則として毎年3月1日から翌年1月下旬までの日の出から日没までとします。

5. 入園利用方式の建前から，原則としてこの農園で栽培できる作物は，野菜・花・ハーブ等の草本性のものとし，永年作物の栽培やビニールハウス等の建造物は禁止しております。しかし，その趣旨が生かされていれば，例外も認めております。例えば，何時でも移植・撤去できる小灌木（バラ等の花木やブルーベリー等の小果樹）を園主やサークルの指示があれば撤去することを前提に周辺区画に迷惑をかけないように栽培したり，区画の一割以内（3㎡以内）で高さが1.5m以内のビニールハウスを園主やサークルの指示があれば何時でも撤去することを前提に他区画の存在する側の区画境界から 1.5m以上離して期間を区切り他区画に迷惑をかけないように設置する場合は，栽培や設置を例外的に了承します。

6. 市民農園の一般原則や領収証に記載の取決め等のルールに照らして疑義のあることや利用上のご希望・ご提案のある場合は，サークル常任幹事会あるいは会長にご協議いただきます。

7. 市民農園は，園主と利用者および利用者の間の信頼関係が大切になります。この農園は利用者組織主体型として運営を進めておりますので，千草台園芸サークルを中心にして円満な運営管理が行われるようにして下さい。

8. 入園利用者が，所定の区画の管理を怠るなどして周辺区画に迷惑をかけたり，農園の経営やサークルの運営管理に迷惑をかけた場合は，サークルを除名され入園利用の資格を失うことがあります。この場合には，原則として入園利用料およびサークル会費は返済しないことになります。

9. 以上のことから，権利としての継続利用は存在しません。長期間の継続利用は，ルール遵守の利用の結果として存在します。

4. 萩台市民農園管理運営費領収証

平成20年2月24日

　　　　　　　　　　　　　様

金　3,000円也

平成20年度1区画当たり利用料 9,000円の内，管理運営費（サークル会費：運営費1,500円及び施設整備費 1,500円の合計額）として，上記金額を受領致しました。

千草台園芸サークル会長　廻 谷 義 治

萩台市民農園の設置管理及び千草台園芸サークルの運営原則に賛同し下記の入園利用の原則を遵守することを条件に，あなたの千草台園芸サークル入会（継続）を承認致します。

記

1. 千草台園芸サークルは，萩台市民農園の運営管理を行うとともに，市民農園の利用を通して会員相互の親睦等を図る“コミュニティサークル”です。「野菜づくり」・「花づくり」・「人と人の交流」・「行事参加」等，それぞれの会員がサークル活動に求めたいところを中心に，積極的に活動に参加し，会員の皆さんがお互いに楽しい市民農園利用を行うことの出来るよう，サークル規約を守り農園の環境整備に努めて下さい。
2. 萩台市民農園の入園利用は，利用希望者が千草台園芸サークルに入会し，農園主から入園利用の承諾を得て行われます。また，農園の経営管理は農園主が行いますが，入園利用に関する運営管理は，千草台園芸サークルが一括して依頼を受けて行います。サークルの会員である皆様は，サークルの指示に従って運営管理に参加することとし，農園主に直接相談・要望することは厳に謹んで下さい。
3. 各会員の皆様がお互いに利用者の立場を守り合うため，特に認められた場合を除き，指定された区画以外を個人的に利用したり，入園利用に必要であるとサークルが認めた物以外の物を持ち込むことは禁止致します。
4. なお，“市民農園”の基本および農園利用の原則は次のとおりとなります。
   ・いわゆる市民農園とは，一定のルールの下に小面積に区画割りした農地を

多数の都市住民等が非営利的に耕作して楽しむもので，開設方法は，“特定農地貸付法による貸付方式”と“入園利用方式”の2つに限られます。“特定農地貸付法による貸付方式”は市町村・農業協同組合が法律に基づいて開園し，開設者が運営管理しますが，“入園利用方式”は，農業者が自ら農業経営として開園し，利用者は農場に入園する対価として入園料を支払います。運営管理は農業者が行いますが，利用者が農業者を様々に支援する形で運営参加することができ，その形態は様々になります。

・萩台市民農園は入園利用方式の形態で，千草台園芸サークルが園主の依頼で農園運営管理を全面的に支援し，園主はこの農園への入園利用の希望および入園後の各種利用調整ならびに入園利用に係わる管理を，千草台園芸サークルに依頼しております。

・入園利用者は千草台園芸サークルに入会しサークルの利用調整のもとで入園利用を行いますので，入園利用者は農園経営者から依頼を受けた千草台園芸サークルの指示に従い指定された区画を善良な管理のもとに入園利用します。

・入園利用方式の建前から，原則としてこの農園で栽培できる作物は野菜・花・ハーブ等の草本性のものとし，永年作物の栽培やビニールハウス等の建造物は禁止しております。しかしその趣旨が生かされていれば例外も認められており，何時でも移植・撤去できる小灌木を園主やサークルの指示があれば撤去することを前提に周辺区画に迷惑をかけないように栽培したり，区画の一割以内（3㎡以内）で高さが 1.5m 以内のビニールハウスをサークルとの協議のもとで何時でも撤去することを前提に他区画他区画に迷惑をかけないように設置する場合は，栽培や設置を例外的に了承します。

・市民農園の一般原則や領収証に記載の取決め等のルールに照らして疑義のあることや利用上のご希望・ご提案のある場合は，サークル常任幹事会あるいは会長にご協議いただき，円滑な運営管理が行われるようにして下さい。

・入園利用者が，年度開始後にサークルを除名されたり自ら退会する場合は，原則として入園利用料およびサークル会費は返済しないことになります。

5．市民農園憲章

《市民農園憲章》

産業革命時の英国において，貧窮住民の食糧自給を目的に誕生したといわれるアロットメント・ガーデンは，欧州諸国に伝播し，社会変化に伴う都市住民の生活を潤し発展してきました。我が国においては，分区農園として大正後期に導入され，その後第二次世界大戦により途絶えましたが，都市住民の自然発生的な求めが行政を動かし，昭和の終わりから市民農園として制度化・事業化が図られてきました。

良好に管理され運営される市民農園は，実践を通して「食」と「農」を理解する場であり，その存在は農業を活性化させます。それは，人々が集いコミュニティを形成する場であります。都市においては，耕す空間を維持することにより優れた環境機能を発揮し，農山村においては人の流れをつくり，地域の活性化を促しています。それは，市民農園用地を所有する者と市民農園を利用する者が，厚い信頼関係で築くパートナーシップにより維持発展するのです。

私たちは，このような市民農園が持続可能な都市の実現と，地域を活性化し地球環境の保全や生物多様性の確保を図る効果を有するとの認識に立ち，市民農園の安定的な発展と運営ノウハウの共有化を求めていきます。そして，個々の市民農園の組織化と市民農園活動のネットワーク化を進めるための共通理念として，ここに市民農園憲章を定めます。

一　市民農園は，人々の心と地域を耕すことができます。

一　市民農園は，土地所有者と利用者の協働により育まれます。

一　市民農園の小さな区画は，地球環境や全世界の農園仲間とつながっています。

一　市民農園の普及・発展のため，一人ひとりが行動すると共に，連携を図ります。

一　戦後に生まれた我が国の市民農園を，良い形で後世に継承するため皆で努力します。

2007年10月15日

フォーラム「市民農園の新しい動きを読む」参加者一同

著者経歴

廻谷　義治（めぐりや　よしはる）

1938年東京都生まれ。東京農工大学農学部農学科卒。千葉県庁に在職中の1973年，千草台園芸サークル（市民農園利用者団体）を結成。農家と共同で入園利用方式の市民農園を開設（斉藤レジャー農園，後に萩台市民農園）。今日まで市民農園活動を続けている。千葉市在住。

日本市民農園連合会長，特定非営利活動法人千葉県市民農園協会理事長，千草台園芸サークル会長，特定非営利活動法人日本園芸福祉普及協会理事，食と農の応援団団員，ちば食育ボランティア。著書に「生活の中の市民農園をめざして」（1998年，自費出版），「市民農園のすすめ」（2004年，千葉県市民農園協会編著，監修・編集・執筆担当，創森社）他。

農家と市民でつくる

新しい市民農園

～法的手続き不要の「入園利用方式」～

2008年6月10日　第1刷発行

著者　廻谷　義治

発行所　社団法人　農山漁村文化協会

郵便番号　107-8668　東京都港区赤坂7丁目6－1

電話　03(3585)1141(代表)　03(3585)1147(編集)

FAX　03(3589)1387　振替　00120-3-144478

URL　http://www.ruralnet.or.jp/

ISBN978-4-540-07297-0　DTP製作／(株)新制作社

〈検印廃止〉　印刷・製本／凸版印刷（株）

農文協 図書案内

ここまでできる週末菜園
周年栽培に挑戦する
喜多村敬三著
1680円

工場の生産効率アップをめざしてきた元工場長の著者が、そのノウハウを六〇坪の週末菜園に活かし、畑を最大限に活用し、ムリ・ムダ・ムラなく最高の収量を上げるコツを大公開。常識をくつがえす独創テクニックを満載。

図解
家庭菜園ビックリ教室
井原　豊著
1530円

家庭菜園での無農薬野菜づくりのための間作・混作技術、自然農薬オリジナルストチュウ、不耕起、肥料選びなど、常識破りのアイデアてんこ盛り。トマト、ナス、イチゴ、ハクサイ、ジャガイモなど必須野菜三〇品目を詳述。

家庭菜園の病気と害虫
見分け方と防ぎ方
米山伸吾・木村　裕著
2500円

豊富なカラー写真とイラストで病気・害虫を診断し、野菜別の年間発生時期の表と農薬表に合わせて的確に防除。さらに病原菌と害虫の生態や、種子消毒・土壌消毒の方法、農薬の安全使用など、防除に役立つ情報を満載。

自然農薬で防ぐ病気と害虫
家庭菜園・プロの手ほどき
古賀綱行著
1380円

身近な素材で自然農薬をつくる。四季の雑草三種混合、ツクシ、アセビ、タバコ、牛乳、酢、ニンニクなど四十数種のつくり方使い方を紹介。病害虫と上手に付き合う無農薬栽培の手引書。

発酵肥料で健康菜園
薄上秀男著
1500円

闘病生活で現代病はミネラルの不足、アンバランスが原因だとわかった著者が、米ぬか、油かす、骨粉、生ゴミなどを麹菌、納豆菌、乳酸菌、酵母菌を使った発酵肥料のつくり方や、ミネラル豊富な野菜のつくり方を紹介。

（価格は税込。改定の場合もございます）

農文協 図書案内

図解 家庭園芸
用土と肥料の選び方・使い方
加藤哲郎著
1530円

畑編とコンテナ編に分けて、コツを満載。畑では土のタイプで堆肥・土改剤・肥料を使い分けし、コンテナでは植物の性質に合わせて容器・用土を選ぶことが第一歩。主要野菜三四種、鉢花・ラン類などの施肥設計表つき。

家庭でつくる生ごみ堆肥
よくある失敗 防ぐポイント
藤原俊六郎・監修／農文協・編
1400円

台所・ベランダ・庭先で、悪臭・虫を抑えつつ減量し、良質の生ごみ堆肥に仕上げる。牛乳パック、発泡スチロール箱、段ボール箱、木枠、バケツ、コンポスト容器、密閉容器、処理機でのつくり方、作物別の使い方を紹介。

あなたにもできる
野菜の輪作栽培
土がよくなり、農薬・肥料が減る知恵とわざ
窪吉永著
1800円

トマトの前作にはホウレンソウで土つくり、害虫が少ないネギ後にはナスが持ってこい…田畑の土の活力と疲れに見合った配置、作付けで、楽に楽しくできる野菜・米づくり。減農薬・有機の伝統農法の現代的再展開！

有機栽培の基礎と実際
肥効のメカニズムと施肥設計
小祝政明著
2700円

なぜ堆肥でつくるとおいしい？ 本当は化学肥料より有機質肥料のほうがずっと有利で効率的など、有機栽培の「常識」を問い直し、経験やカンではなく、データを駆使して安全で味よい作物を多収する実践的ノウハウを解説。

売れる・おいしい・つくりやすい
野菜品種の選び方
四四品目・三六五品種
鈴木光一著
1550円

タネ屋も営む直売農家が教える品種選びの極意！ 自分の舌で選んだおいしい「基本品種」と、珍しい「人目を引く品種」。これら両方をバランスよく揃えてつくれば、食べた誰もが喜ぶこと間違いなし！ 特選品種をガイド。

農文協 図書案内

グリーンライフ入門
都市農村交流の理論と実際
佐藤　誠・篠原　徹・山崎光博編著
1750円

足もとの宝（自然、物産、文化、景観などの地域資源）の発見・活用の視点・手法からグリーン・ツーリズム、市民農園、直売所などの企画・運営まで、初めて体系的・実践的に集大成。持続可能な暮らしと地域のあり方を提示。

福祉のための農園芸活動
無理せずできる実践マニュアル
豊原憲子・石神洋一・宮上佳江著
2600円

どんな作物をどうやって栽培し、何を到達点とするのか——園芸福祉の明確なねらい、目的とそれを的確に活かす作物栽培の簡にして要を得たポイントを示した実践的手引き。福祉関係者、食農教育実践者など必携。

水田生態工学入門
農村の生きものを大切にする
水谷正一編著

水田や水路を棲みかや繁殖の場としている魚類、両生類、水生昆虫や植物の生態と環境条件を明らかにし、水稲生産と競合せずに生きものと共生できる水路や魚道などのハード技術と地域全体で実践するソフト技術を解説。

田んぼの生きものおもしろ図鑑
農村環境整備センター企画　湊秋作編著
4800円

田んぼまわりの生きものと田んぼとの豊かな関係を知り、その生態系の仕組みや多面的な機能を学ぶとともに、田んぼと楽しく付き合うための心構えや生きものの調査の方法を具体的に指南した生きもの図鑑。

図解　これならできる山づくり
人工林再生の新しいやり方
鋸谷　茂・大内正伸著
1950円

日本の山が膨大に抱えるスギやヒノキの人工林。里山人気の陰で荒廃する一方の山を気軽に再生し、楽に管理していくノウハウを紹介。森林ボランティアなど山仕事の経験のない人にもできる新しい山のつくり方マニュアル。